Viktoria Zoubkoff
geb. Prinzessin von Preußen, verw. Prinzessin zu Schaumburg-Lippe

Was mir das Leben gab - und nahm

Viktoria Zoubkoff

geb. Prinzessin von Preußen,
verw. Prinzessin zu Schaumburg-Lippe

Was mir das Leben gab - und nahm

Mit einem Nachwort von
Horst-Jürgen Winkel

Erste Buchausgabe
2005

BOUVIER

Erstveröffentlichung als Serie im "General-Anzeiger", Bonn, 1929.

Das Nachwort von Horst-Jürgen Winkel erschien zuerst in "Die Bonnerinnen. Szenarien aus Geschichte und zeitgnössischer Kunst", Frauenmuseum Bonn, 1988. Wir danken für die Abdruckgenehmigung!

Alle Abbildungen stammen aus dem Stadtarchiv Bonn, außer der Vignette Kaiser Wilhelms II. auf der 4. Umschlagseite, die wir dem Deutschen Historischen Museum, Berlin, verdanken.

Bilder:
1. Umschlagseite: Viktoria von Preußen, 4. Umschlagseite: Viktoria und Zoubkoff auf dem Motorrad vor dem Palais Schaumburg, Kaiser Wilhelm II., Queen Victoria, Hochzeit Viktoria und Zoubkoff.
S. 152: Palais Schaumburg

ISBN 3-416-03071-0

Alle Rechte vorbehalten. Ohne ausdrückliche Genehmigung der Verlage ist es auch nicht gestattet, das Werk oder Teile daraus zu vervielfältigen oder auf Datenträger aufzuzeichnen.
© General-Anzeiger/Bouvier Verlag, Bonn, 2005. Druck und Einband: Medienhaus Plump, Rheinbreitbach. Gedruckt auf säurefreiem Papier

Inhalt

Glückliche Tage im Elternhaus 7
Mein erstes Ballkleid 14
Meine Eltern waren vielbeschäftigte Leute 19
Große Männer, denen ich im Elternhaus begegnete 24
Verwandte, an die ich mich gern erinnere 30
Der Fackeltanz der Minister 35
Die Sorgen einer Oberhofmeisterin 41
Meine Verlobung mit Alexander von Battenberg 46
Eine Prinzessin muß dem Vaterland Opfer bringen 52
Mein Vater ringt mit der tödlichen Krankheit 57
Mein todkranker Vater besteigt den Thron 61
Kaiser Friedrich tot 67
Zur Hochzeit meiner Schwester fuhr ich
nach Griechenland 73
Ich hatte das Glück gefunden 79
Hochzeitsreise in den Orient 84
Meine glücklichsten Jahre in Bonn 88
Neue Aufgaben für meinen Mann: Er wird
Regent in Lippe 93
Meiner Mutter Leidenszeit beginnt 100
Meiner englischen Großmutter letzte Fahrt 104
Unsere Mutter wird von ihrem Leiden erlöst 110
Meine ersten „Erfolge" beim Wintersport 116
König Eduards letzter Besuch in Berlin 120
Mitten im Kriege stirbt mein Mann 126
Besatzungszeit und neue Reisen 137
Meine Verheiratung mit Alexander Zoubkoff 143

Nachwort der Redaktion des
General-Anzeigers (1929) 149

Nachwort von Horst-Jürgen Winkel 150

Glückliche Tage im Elternhaus

„Oh, fänd' ich doch den Weg zurück
In meiner Kindheit glücklich' Land!"

Da ich dem deutschen Kaiserhof ein halbes Jahrhundert lang angehört habe, ist mir zu wiederholten Malen Gelegenheit zuteil geworden, mit vielen wichtigen und interessanten Persönlichkeiten zusammenzukommen; naturgemäß bin ich Zeugin mancher historischen Begebenheiten gewesen.

Weil ich glaube, daß die Beschreibung meines Lebens, das ich als Angehörige des Hohenzollernhauses geführt habe, die Tatsachen, welche ich von den mit mir verwandten Fürsten und Königen berichten kann und die Anekdoten, die ich zu erzählen weiß, von allgemeinem Interesse sind, habe ich diese Betrachtungen geschrieben.

Ich will die politische Lage vor dem Jahre 1914, während des Krieges und seit dem Friedensschluß nicht in den Kreis meiner Betrachtungen ziehen. Vielleicht spielte sich mein Leben doch in allzu großer Nähe der Ereignisse ab, als daß ich ganz unparteiisch sein könnte, vielleicht bin ich auch ein viel zu unpolitischer Mensch, um über sie zu sprechen; nur eins weiß ich, daß nämlich der Krieg uns allen das größte Leid gebracht hat und ich um alles in der Welt niemandem jene bittere Stunden ins Gedächtnis zurückrufen möchte, die hoffentlich für immer vergangen sind. Schon aus diesem Grunde möchte ich die ge-fährlichen Fragen nicht erörtern, die sich aus den Kriegsur-sachen ergaben, oder schildern, wie schrecklich es für meine Familie war, gegen das Vaterland unserer Mutter und Groß-mutter kämpfen zu müssen. Ich weiß, daß viele Menschen meinen Bruder zu einem Unhold gestempelt haben, der die Kriegsfurie entfesselte und rücksichtslos Verderben über die Welt gebracht hat; aber niemand, der meinen Bruder kennt, kann daran zweifeln, daß das Unglück des Krieges allein seine furchtbaren Folgen von selbst nach sich zog.

Die Aufgabe dieser Ausführungen soll sein, den Leser hinter die Kulissen kaiserlicher und königlicher Höfe zu führen; sie sollen zum ersten Mal der Öffentlichkeit mitteilen, was die Mitglieder der kaiserlichen Familie während des Krieges gelitten und wie wir uns in den Tagen der dem Friedensschluß folgenden Revolution befunden haben.

*

Meine Eltern heirateten im Jahre 1858. Ich wurde als fünftes Kind ihrer Ehe am 12. April 1866 geboren. Oft haben meine Eltern mir erzählt, unter wie erschwerenden Umständen sich mein Eintritt in diese Welt vollzog, da ich beinahe im Eisenbahnzug das Licht der Welt erblickt hätte. Meine Eltern hatten Berlin verlassen, da meine Geburt feierlich im Neuen Palais zu Potsdam begangen werden sollte; ich war aber anderer Meinung und betrat die Szene ganz unerwarteterweise, fast im selben Augenblick, da meine Mutter das Palais betrat. Man war so wenig auf mein frühzeitiges Erscheinen gefaßt gewesen, daß nichts zur Stelle war; die Hebamme befand sich erst auf dem Wege nach Potsdam, und nicht einmal Babywäsche war zu finden, so daß meine Mutter mich in einen alten Unterrock wickeln mußte, da man in der Verblüffung und Verwirrung des Augenblicks nichts anderes zu finden vermochte. Obgleich ich also im Palais selbst ohne alle Förmlichkeit empfangen wurde, erhielt ich trotzdem draußen den üblichen Willkommensgruß, nämlich 21 Kanonenschüsse, die zur Feier der Geburt einer Prinzessin abgefeuert wurden. Am 24. Mai, dem Geburtstag meiner Großmutter, Queen Victoria, wurde ich getauft, und, da sie meine Patin war, nach ihr Viktoria genannt.

Als ich noch ein ganz kleines Kind war, erlitten meine Eltern durch den Tod meines Bruders Sigismund einen herben Verlust. „Sigi", wie er im Familienkreise genannt wurde, war zwei Jahre älter als ich und liebte mich sehr; wie ich später hörte, wollte er mich immer betreuen, was ihm manchmal erlaubt wurde - er sorgte dann für mich wie das beste Kindermädchen. Sein Tod war ein schwerer Schlag für meine Mutter, die infolge der Aufregung krank wurde und sich einem Luft- und

Ortswechsel unterziehen mußte. So begab sie sich auf die Schneekoppe und nahm mich mit. Augenscheinlich erfolgte die Reise in großer Eile oder alle Etikete war völlig ausser acht gelassen worden, denn als wir ankamen, war das Hotel überfüllt, und ich mußte in der ersten Nacht mit einem Wäschekorb als Nachtlager vorlieb nehmen.

Eine meiner ersten Erinnerungen ist amüsant. Als ich drei Jahre alt war, besuchte ich eines Tages meine Großmutter väterlicherseits, die spätere Kaiserin, damals Königin Augusta. Solange die formelle Visite dauerte, wahrte ich das Dekorum und verhielt mich ruhig. Als es aber Zeit zum Gehen war, muß ich mich wohl in meinem kindlichen Sinne recht erleichtert gefühlt haben; denn ich rannte mit fröhlicher Schnelligkeit aus dem Zimmer. „Komm noch einmal zurück!" rief die alte Dame, welche immer sehr „fürstlich" war. Ich gehorchte. „In meiner Gegenwart geht man, aber läuft nicht aus dem Zimmer", fuhr sie würdevoll fort, und ich habe den kleinen Vorfall weder vergessen, noch habe ich jemals wieder zu springen versucht, wenn ich wußte, daß die Kaiserin irgendwo in der Nähe war.

Nach mir wurden meinen Eltern noch drei Kinder geboren, Waldemar, Sophie und Margarethe. Sophie ist die Königin-Witwe von Griechenland; sie war immer gemessen und königinnenhaft, so daß, wie ich mich erinnere, eine unserer Ammen zu sagen pflegte: „Paßt auf, Sophie wird eines Tages Königin werden." Margarethe, sechs Jahre jünger als ich, ist Landgräfin von Hessen. Noch sehe ich den Tag vor mir, an dem sie geboren wurde, - ich wollte sie gern mit mir ins Bett nehmen.

Meine Mutter hatte stets mit ihren vielen Kindern alle Hände voll zu tun. Sie war eine von Grund aus weiblich empfindende Natur und widmete sich vollkommen ihrer Familie. Um sieben Uhr begann ihr Tag; jeden Morgen um diese Stunde, im Berliner Palais wie in Potsdam, gingen Sophie, Margarethe und ich zu den Eltern ins Schlafzimmer, während sie im Bett eine Tasse Tee und ein Stück Toast zu sich nahmen; manchmal sagten wir ihnen dann kleine Verse oder Gedichte auf, die wir gelernt hatten. Noch vor acht Uhr fingen mein Vater und meine Mutter mit der Erfüllung ihrer offiziellen Pflichten an; man kann sich denken, daß ihre Zeit als die des kronprinzlichen Paares auf das äußerste durch wichtige Angelegenheiten in Anspruch genommen war. Trotzdem vernachlässigte meine Mutter ihre Kinder niemals, sondern verbrachte jeden Augenblick, den sie ihren verschiedenen Beschäftigungen abringen konnte, mit uns, um unsere Erziehung im Kinder- und Schlafzimmer sehr sorgfältig zu überwachen. Da sie Engländerin war, schien es nur natürlich, daß unsere erste Pflegerin aus ihrem Vaterland stammte: Mrs. Georgine Hobbs, die meine Mutter bei ihrer Heirat als Zofe nach Deutschland begleitet hatte; später wurde sie dann Oberkinderwärterin. Sie war eine hübsche dralle Person, die wir sehr liebten. Hobby oder Hobbsy, wie wir sie nannten, lehrte uns Englisch, unser Kinderzimmer war, wie ich später erfuhr, in englischem Stil nach dem Muster des Kinderzimmers der Königin Victoria eingerichtet.

Als wir das schulpflichtige Alter erreicht hatten, waren unsere Tage bald völlig mit Arbeit ausgefüllt. Die Stunden begannen um acht Uhr, um neun frühstückten wir zusammen mit unseren Eltern. Die übrige Zeit wurde in die verschiedenen Unterrichtsfächer und körperlichen Übungen aufgeteilt; je nach der Jahreszeit liefen wir Schlittschuh, schwammen, ritten, ruderten, turnten, tanzten, oder spielten Tennis.

Wir hatten eine ganze Menge Lehrer, die alle sorgfältigst ausgewählt wurden, da meine Eltern darauf hielten, uns eine ausgezeichnete Ausbildung zuteil werden zu lassen; sie sparten sich keine Mühe, uns die beste Unterweisung zu verschaffen. Meine Lieblingserzieherin war eine Miß Byng, die ich wie eine zweite Mutter betrachtete, so gütig und geduldig schien sie mir.

Ich war eine schwierige Schülerin und interessierte mich bedeutend mehr für das Leben im Freien und den Sport, als für meine Studien. Wir bildeten eine fröhliche Kinderschar, die einfach, aber mit Sorgfalt erzogen wurde, unsere Lehrer wurden bald unsere Freunde, denen wir Kose- und Spitznamen gaben, was sie mit guter Laune aufnahmen, oder sogar, wie ich glaube, gern hatten. Miß Byng hieß Minie; oft liebkoste sie mich und nannte mich „Vögelchen"; unsere deutsche Gouvernante, Fräulein Poppe, schnell natürlich „Poppy" benamst, war eine sehr spaßige Person, mit der wir glänzend auskamen; gewöhnlich begleitete sie uns, wenn wir nach Beendigung des Unterrichts mit dem Stallmeister ausritten, war sehr musikalisch und sang gerne. Sie gab mir zuerst Gesangsstunden und lehrte mich entzückende deutsche Kinderlieder. Mein Bruder Heinrich kam oft ins Schulzimmer und beteiligte sich an unseren Singübungen, die uns die größte Freude machten.

Drei Gouvernanten waren ständig bei uns, deren oberste Mademoiselle de Perpignan hieß. Sie überwachte alles, teilte den anderen ihre Aufgaben zu und vertrat gewissermaßen die Stelle einer Schuldirektorin. Sie hielt es für einen Teil ihrer Pflicht, unser Taschengeld in Verwahrung zu nehmen, und tat das mit solcher Sorgfalt, daß sie es niemals von sich ließ. Sie pflegte es in einer Ledertasche aufzuheben, die verschiedene Fächer für Gold, Silber und Kupfer hatte, und diese um ihre Taille zu binden, selbst wenn sie Abendtoilette trug. In den jetzigen Tagen der schlanken Linie wäre ihr das kaum möglich gewesen, aber damals waren glücklicherweise die Röcke sehr umfangreich, so daß Mademoiselle das Geld ohne Mühe an sich verbergen konnte. Oft mußte ich über ihre seltsamen Gewohnheiten lachen, mochte sie aber gut leiden, da sie nett zu uns war. Ich erinnere mich, daß sie schwarzes, bis zu den Knien reichendes Haar hatte; seine Länge schrieb sie Waschungen mit Kognak zu, die sie öfters vornahm - was mir schon damals sehr extravagant vorkam. Mademoiselle Bujard unterrichtete uns im Französischen; ich fürchte, ich war ihr keine gute Schülerin, da ich mich oft faul zeigte und ihren Zorn erregte, worauf ich dann regelmäßig stundenlang schmollte.

Einmal bekümmerte ich sie so sehr, daß sie Hut und Mantel nahm und erklärte, augenblicklich gehen zu wollen, und auch zu meinem Entsetzen das Haus verließ. Sie kam aber bald wieder, und als sie mich in ihrem Zimmer sitzend fand, verzieh sie mir, so daß alles wieder gut war. Sie hieß bei uns „Basella" und nannte mich „Pessina"; ihr heftiges Temperament machte ihr viel zu schaffen. Den Geographieunterricht erteilte mir der Hauptlehrer Dr. Volz aus Potsdam; der Pfarrer Dr. Persius gab die Religionsstunden, während derer wir nach der Hofetikette Handschuhe tragen mußten. Klavierspiel hatte ich bei Professor Barth an der Berliner Hochschule, der mir eines Tages höchst unsympathisch wurde, nachdem ich ihn schon vorher nicht hatte leiden mögen. So beschloß ich also nicht zur Stunde zu gehen, die um 3 Uhr stattfinden sollte - zu einer Zeit, in der ich mich, kurz nach unserem schweren Mittagessen, absolut nicht zum Stundennehmen aufgelegt fühlte. Als der gute Professor erschien, während wir noch beim Kaffee saßen, schlüpfte ich in mein Zimmer und ließ sagen, daß ich scheußliche Kopfschmerzen hätte. Das wirkte so gut, daß ich dieselbe List oder andere Ausreden wieder und wieder gebrauchte, so daß der arme Mann häufig wieder abfahren mußte, ohne mich zum großen Mißfallen meiner Eltern, unterrichtet zu haben. Natürlich kam alles bald heraus und fand ein plötzliches Ende; aber noch heute bin ich eigentlich stolz auf mein Benehmen, besonders da es den Professor höchlichst ärgerte. Zu einer Musiklehrerin, die ich hatte, sagte ich auf ihre Vorwürfe: „Ich weiß, daß in der Bibel steht: ‚Liebet eure Feinde!'"

Bei einer anderen Gelegenheit war ich über den Historiker Dr. Hans Delbrück, Lehrer meines Bruders Waldy, sehr entrüstet. Der Gelehrte stand damals am Anfang seiner Laufbahn. Er hatte ein aufbrausendes Temperament. Als er eines Tages kam, erklärte ich ihm sehr von oben herab, daß ich meine Vorbereitungen für den Tag noch nicht vollständig getroffen hätte - worauf er ein Lineal ergriff und es so heftig auf den Tisch schlug, daß es zerbrach und eine Flasche mit roter Tinte sich über den Teppich ergoß. Ich war halb entsetzt, halb amüsiert und floh aus dem Zimmer in Mademoiselle de Perpignans Arme, die glaubte, daß ich einen hysterischen Anfall hätte und mir eine Dosis Magnesia eingab.

Waldemar und ich hatten gewöhnlich die Rechenstunde zusammen und fanden sie gräßlich langweilig; kaum war sie vorbei, rasten wir den Korridor hinunter und warfen uns gegenseitig die Bücher an den Kopf. Mein Bruder war ein ungewöhnlich hübsches und begabtes Kind, das meine Eltern über alles liebten; manchmal tat und redete er die sonderbarsten Dinge. Infolge seiner kleinen Statur konnte er kaum über den Tisch sehen. Eines Tages starrte er im Schulzimmer einige Minuten lang unsere englische Lehrerin Miß Byng aufmerksam an und meinte dann ganz sachlich: „Minie - Sie sehen aus wie ein Pferd" - was die Arme außerordentlich kränkte, während Waldemar es als großes Kompliment gemeint hatte, da er Pferden sehr zugetan war. Ein andermal wollte er wissen, ob der liebe Gott Stiefel trüge . . .

Mein erstes Ballkleid

Schon früh zeigte Waldemar ein heftige Liebe zu Tieren und besaß ein Aquarium mit seltenen Fischen, ein Chamäleon, einen entzückenden Dackel namens Boy; ein ganz kleines Krokodil, das „Bob" hieß, pflegte er mit sich in der Tasche herumzuschleppen. Eines Tages aber übertraf er sich selbst. Im Berliner Kronprinzenpalais war Sonntags immer um fünf Uhr Familiendiner, zu dem meine Großeltern, Kaiser Wilhelm und Kaiserin Augusta, geladen waren. Mitten während einer solchen feierlichen Tafelei erhob mein kleiner Bruder plötzlich seine Stimme - für alle in der Hofetikette Erzogenen eine vollkommen erschütternde Tatsache - und sagte laut und deutlich: „Ich langweile mir so", worauf er Bob aus der Tasche nahm und über den Eßtisch laufen ließ. Die Aufregung der Kaiserin und das Entsetzen der Lakaien war unbeschreiblich; aber Waldy war ein so süßes Kind, daß niemand ihm lange böse sein konnte.

Als Waldemar unsere Großmutter, die Königin von England, besuchen sollte, bat er sie schriftlich um Erlaubnis, Bob mit in den Buckingham-Palast bringen zu dürfen, was ihm Großmama gern gestattete. Waldemar war überglücklich und überzeugt, daß die Königin seinen Liebling auch bezaubernd finden würde; so ließ er das Krokodil eines Tages bald nach seiner Ankunft in ihrem Zimmer heimlich frei. Ihre Majestät las gerade und entdeckte Bob plötzlich zu ihrem größten Schrecken dicht neben ihrem Fuß; nun hatte sie den größten Widerwillen vor allen Reptilien, und hatte Waldemar nur erlaubt, das Tier mit nach London zu bringen, um ihn ein wenig zu verwöhnen. Das aber war zuviel; sie schrie auf, worauf sogleich Dienstboten erschienen, die eine Jagd veranstalteten, sich aber fürchteten, Bob, der nach ihnen schnappte, anzufassen, und ihn auch nicht totzuschlagen wagten, da er das Lieblingstier meines Bruders war. Waldemar schrie vor Lachen, als er den Erfolg seines gewagten Scherzes sah, und dehnte die Jagd so lange aus, bis er es für besser hielt, Bob zu ergreifen und in seinen Kasten zu tun. Meine Großmutter fing zu schelten an, was den Jungen aber nur wenig rührte. Ich habe Bobs Kasten noch in meinem Besitz; er ist aus Holz, auf den Deckel hat Waldemar selbst eine Pyramide und eine Palme eingeschnitten. Er gab sein ganzes Taschengeld für die Vermehrung seiner Reptiliensammlung aus.

Waldemar war sehr empfindlich; als er eines Nachmittags in Osborne einen ganz reinen weißen Matrosenanzug trug, sahen wir ihn plötzlich auf Händen und Füßen über den Rasen kriechen, anstatt sich wie ein richtiger Junge auf den Rücken zu legen. Auf die Frage, warum er eine so unbequeme Stellung annehme, sagte er: „Wenn ich mich hinlegte, würde Hoffmann (der Lakai) mich wieder ein Schwein nennen", da er sich seinen weißen Anzug beim Niederlegen mit grünen Flecken beschmutzt hätte und eine grobe Bemerkung seines Leibdieners vermeiden wollte. Als unser Bruder Heinrich seine Seekadettenweltumseglung antrat, schmerzte ihn der Abschied ausserordentlich. Er fuhr mit den Eltern nach Kiel, um ihn an Bord der „Gneisenau" zu bringen; sie sollten sich nicht wiedersehen; denn Waldemar starb, als Heinrich wiederkehrte. Armer Waldy! Gerade als er sein elftes Jahr erreicht hatte, wurde er von uns genommen; sein Tod trat ganz plötzlich ein. Wir probten gerade ein Märchenspiel „Schneewittchen und die sieben Zwerge"; Waldemar sollte einen der Zwerge spielen. Er schien vollkommen gesund und kräftig, bis er eines Tages bei der Probe über Halsschmerzen klagte und am nächsten Morgen mit Diphtheritis daniederlag. Nach fünf Tagen starb er; er liegt mit meinem Bruder Sigismund im Charlottenburger Mausoleum begraben.

Mein Bruder Wilhelm, der älteste von uns, war ein Junge von großer Entschlußkraft und Willensstärke. Er wurde von den vorzüglichsten Lehrern mit größter Sorgfalt erzogen und arbeitete von klein auf mit außerordentlicher Ausdauer. Mademoiselle Darcourt, eine nette Französin mittleren Alters, lehrte ihn und die älteren meiner Geschwister Französisch, später hatte auch ich bei ihr Unterricht.

Im Alter von sieben Jahren wurde Wilhelm der Sorge seines Lehrers Dr. Georg Hinzpeter übergeben, eines ernsten, bestimmten, arbeitsamen Mannes, der sehr streng zu meinem Bruder war. Keine Minute des Tages durfte verloren werden; die ganze Zeit war dem Unterricht oder den notwendigen Leibesübungen gewidmet. Trotz ihrer großen Verschiedenheit entspann sich zwischen Hinzpeter und Mademoiselle Darcourt eine enge Freundschaft; ich war sehr aufgeregt, als ich eines Tages an ihrer Hand einen Verlobungsring entdeckte und seine Bedeutung erfuhr. Manchmal hörte ich Hinzpeter mit lauter Stimme schreien und einen Stock gebrauchen, wenigstens schien es mir so, wenn er Wilhelm im Nebenzimmer unterrichtete. Das Geräusch des Stockes, der, wie ich mit Bestimmtheit glaubte, an meinem Bruder erprobt wurde, machte mich sehr unglücklich: ich teilte Mademoiselle Darcourt meine Befürchtungen mit, die aber kein Wort gegen ihren Verlobten hören wollte und leidenschaftlich bestritt, daß dieser jemals die Hand gegen seinen Schüler erhebe.

Wir spielten alle sehr gern Theater; besonders entzückt war ich als Kind, mich verkleiden zu können, und zog mit Vorliebe lange Röcke an, die ich hinter mir herschleifte. Ab und zu brachte ich Mamas Garderobenfrau dazu, mir einige Unterröcke aus den kronprinzeßlichen Beständen zu leihen, in denen ich dann wie ein kleiner Pfau einherstolzierte.

Wie beneidete ich die Erwachsenen um ihre Hofschleppen! Mama meinte, daß ich zur rechten Zeit schon eine bekommen würde, und voller Erwartung blickte ich diesem Moment entgegen. Er kam, als meine Eltern von der Hochzeit des Herzogs von Edinburgh mit der Großfürstin Maria von Rußland aus Petersburg zurückkehrten (Alfred Herzog v. E., der Bruder meiner Mutter, das dritte Kind der Königin von England, heiratete 1874 die einzige Tochter Alexanders II., die 1920 starb). Wie sie sagten, hatten sie mir etwas mitgebracht: am Abend wurde ich in die Gemäldegalerie des Schlosses bestellt. Bevor ich eintreten durfte, wurden mir mit einem Taschentuch die Augen verbunden, dann erst durfte ich eintreten. Mein Kleid wurde mir ausgezogen, dann fühlte ich mit Entzücken, wie etwas aus wunderbarem Stoff mir umgelegt wurde, und als mir die Binde abgenommen worden war, bemerkte ich, daß ich ein reizendes rosasilbernes Abendkleid mit langer Hofschleppe trug. Es war mein erstes, und ich freute mich schrecklich über das schöne Geschenk.

Ehe ich die Zeiten meiner Kindheit verlasse, will ich noch von einigen anderen Begebenheiten berichten, die sich meinem Gedächtnis fest eingeprägt haben. Häufig benahm ich mich sehr schlecht. Als ich noch ganz klein war, besuchten wir im Sommer das damals noch kleine Nordseebad Wyk auf Föhr. Meine Zähne taten mir weh, und einer, der lose war, mußte herausgenommen werden, wovor ich aber Angst hatte. Der Arzt, Dr. Schrader, wollte mich gerade festhalten, als ich kurz kehrt machte und in den Garten hinauslief. Der Doktor, ein wohlbeleibter Mann, jagte mich um die Stachelbeerbüsche und Blumenbeete; ich war sicher, daß er mich nicht kriegen würde; endlich aber erwischte er mich doch und nahm mir den Zahn heraus. Dann bekam ich in meinem Zimmer ein Glas Wasser mit Eau de Cologne zum Mundausspülen; im selben Augenblick öffnete sich die Tür, und Dr. Schrader steckte den Kopf herein, da er sich von meinem Wohlergehen überzeugen wollte. Ich war wütend über ihn und goß ihm das Wasser mitten ins Gesicht - leider weiß ich nicht mehr, ob ich gebührend bestraft worden bin, aber ich hoffe es jedenfalls.

Königin Victoria war augenscheinlich mit mir während meiner Kindheit ganz zufrieden, als Erwachsene brachte ich nach meines Vaters Tod einige Wochen im Buckingham-Palast bei ihr zu. Als sie nach Balmoral übersiedelte, sollte ich sie begleiten; als besondere Auszeichnung durfte ich bei ihr in ihrem Salonwagen schlafen und bekam genaue Anweisung von meiner Tante Beatrice, wie ich mich zu benehmen hätte; ich mußte mäuschenstill sein und durfte keinen Finger rühren, da ich sonst die Großmama stören könnte. Beim Erwachen am nächsten Morgen spendete sie mir hohes Lob, streichelte mir den Kopf und freute sich, daß ich die ganze Nacht bewegungslos still gelegen hatte - so daß ich außerordentlich zufrieden mit mir selbst war.

Diesem Besuche in Balmoral folgten viele andere; ich ging immer gern hin und freute mich auch stets mit meiner Großmutter zusammen zu sein, die immer liebenswürdig und voller Verständnis für uns junge Leute war. Einst führten die Herren und Damen des Hofes mit Hilfe Lady Ampthills und Mr. A. Jork ein Stück mit dem Titel „Endlich erwischt" auf, in dem ich eine kleine Rolle spielte. Beim Anblick einer Maus hatte ich zu schreien und in Ohnmacht zu fallen. Als nach der Vorstellung meine Großmutter zu mir sagte: „Du bist so schön ohnmächtig geworden, Moretta, daß dir beinahe einer der Kammerdiener mit einem Glas Wasser zu Hilfe gekommen wäre", war ich stolz auf meine schauspielerischen Fähigkeiten.

MEINE ELTERN WAREN
VIELBESCHÄFTIGTE LEUTE...

Ein für uns Kinder aufregendes Erlebnis war der Besuch des Schahs von Persien; das Neue Palais und die Gärten waren herrlich geschmückt, die Rasenflächen und Blumenrabatten vor der Fassade mit Hunderten von Wachskerzen erleuchtet - ein ganz feenhafter Anblick. Der Schah wohnte in der Orangerie; wir hielten ihn für einen ganz prachtvollen Mann und bewunderten den großen Federbusch vorn an seinem Turban außerordentlich. Mein Vater gab ihm einen Korb mit wundervollen Erdbeeren aus unseren Treibhäusern; der orientalische Potant nahm dann die Früchte auf seinen Fahrten durch und um Potsdam mit sich. Er pflegte ein Körbchen auf den Knien zu halten, die Erdbeeren zu essen, und die Stengel aus dem Wagen zu werfen. Als wir eines Tages mit Schrecken hörten, daß in den königlichen Gemächern Schafe geschlachtet wurden - es war vermutlich nur Klatsch, aber wir waren entsetzt - , flößte er uns nicht länger Bewunderung ein.

Bis zum heutigen Tage tanze ich leidenschaftlich gern, liebe den Charleston, und die Rhythmen einer guten Kapelle erfreuen mich immer. Schon als Kind lernte ich den Tanz lieben; wir hatten regelmäßig jeden Sonnabend nachmittag mit unseren Freunden Tanzstunde. Ein famoser Lehrer unterrichtete uns, Herr Rönisch, ein reizender Mensch der alten Hofschule mit sonderbaren Angewohnheiten; so schwenkte er ein großes Taschentuch, wenn er uns die Schritte vormachte. Einer unserer Lieblingstänze war das damals sehr populäre Menuett aus dem „Don Juan"; als Begleiter fungierte ein blinder Pianist, der die alten Weisen ausgezeichnet spielte.

Solange ich denken kann, habe ich immer gern zu Pferde gesessen, bin gern durch den Park galoppiert und zu den Paraden geritten. Eines meiner ersten Pferde war ein niedliches Shetland-Pony, das „Alfred" hieß; die Königin Victoria hatte es mir geschenkt. Schon mit fünf Jahren fühlte ich mich auf Alfreds Rücken sehr wohl; eines Nachmittags galoppierte ich in der Nähe des berühmten Rosengartens herum, während Wilhelm und Heinrich Zeichenstunde „nach der Natur" hatten, die ihnen vermutlich so langweilig war, daß ihnen eine Ablenkung recht war. Als sie mich erblickten, begannen sie mit Kies nach Alfred zu werfen, der getroffen wurde, mit dem Effekt, daß er heftig ausschlug und ich kopfüber aus dem Sattel flog. Wilhelm bekam einen mächtigen Schreck, lief eilends herbei, fand mich ganz unverletzt, aber höchst entrüstet, und setzte mich wieder in den Sattel zurück.

Später hatte ich viele Lieblingstiere; am meisten hing ich wohl an einer wunderschönen und treuen deutschen Schäferhündin namens Lotte; als sie starb, wollte mir fast das Herz brechen; aber ich tröstete mich mit einem ihrer Nachkommen, der Rolf hieß. Auch den liebte ich sehr; manchmal fiel er aber in Ungnade, weil er sich häufig überfraß, was dann gewöhnlich mit einer Katastrophe endigte.

In jenen vergangenen Tagen bestand am Berliner Hof eine der Erwähnung werte sonderbare Sitte. Die Töchter und Enkelinnen der regierenden Familie wurden im Alter von zehn Jahren als Mitglieder des Luisenordens vorgestellt, den meine Urgroßmutter gestiftet hat. Man war sehr stolz und ernst und fühlte eine Verantwortlichkeit, die sonst einem Mädchen von zehn Jahren fremd ist. Daher war es für mich ein wichtiges Ereignis, als mir mein Großvater an meinem 10. Geburtstag im Jahre 1876 den Orden verlieh; zur gleichen Gelegenheit sandte mir die Königin Victoria eine hübsche goldene Uhr. Wie alle Kinder liebten wir Geburtstage, Weihnachten, Ostern und Neujahr sehr, erwarteten sie mit Ungeduld und freuten uns, wenn sie endlich da waren. Meine Kindheit verlief sehr glücklich, und doch denke ich jetzt manchmal, daß ein Mädchen aus dem Volke eine reichere Jugend hat als unsereins, der „in Purpur geboren" ist. Freiheit in der Jugend macht die Menschen für das Leben tauglicher, während ein kaiserlicher Hof eine enge, kleine, zwar angenehme, aber sehr abgeschlossene Welt bedeutet.

Wie ich schon erwähnt habe, waren meine Eltern vielbeschäftigte Leute, deren Tag für alle ihre Arbeiten kaum lang genug war. Besonders interessiert zeigten sie sich für die Aussichten der deutschen Landwirtschaft und besaßen selbst ein reizendes Gut in Bornstedt, wo wir häufig die Nachmittage zubrachten. Sehr stolz waren wir auf die Kühe dort, Exemplare der besten Landeszucht, die natürlich zuerst besucht wurden, ehe wir in den Milchkeller gingen, der die besondere Liebe meiner Mutter besaß; er war ein getreues Ebenbild der Osborner Milchwirtschaft, die meine Großmutter eingerichtet hatte. Das Gut lieferte uns genug Butter und Milch für den Haushalt; die Geflügelfarm bildete für uns Kinder stets eine Quelle des Entzückens, und oft fütterten wir mit Mama die Küken und die Tauben, die in Scharen umherflogen. Mein Dackel stammte aus Bornstedt.

Im Juni veranstalteten meine Eltern gewöhnlich ein Fest für die Schulkinder der Nachbarschaft, besonders für die Bornstedter, das immer sehr lustig verlief. Tische wurden auf dem Rasen hinter dem Rosengarten aufgeschlagen, um die herum die Kinder Platz nahmen; dann gab es Kaffee und ungezählte Mengen Kuchen, die wir nicht nur auftragen, sondern auch backen halfen. Nach der Mahlzeit erfreuten wir uns an den verschiedensten Spielen: eine eingefettete Stange, an deren Spitze alle möglichen schönen Dinge, wie Messer, Pfeifen usw. hingen, mußte erklettert werden, es gab Sacklaufen und andere Belustigungen. Mein Vater war fröhlich mit den Kindern, gütig und teilnahmsvoll interessierte er sich für alles, was vor sich ging, unterhielt sich mit den Kleinen und neckte sie, die ihm ganz ergeben waren, sich um ihn scharten und gerne mit ihm sprachen. Stets erwarteten wir diesen Tag mit größter Freude und amüsierten uns ebenso gut wie unsere Gäste.

Meine Mutter war eine begeisterte Gärtnerin. Rosengarten und Treibhäuser befanden sich also in bester Verfassung. Täglich inspizierte sie mit dem Obergärtner Sello alles auf das Genaueste, säte auch neue Pflanzen und beschnitt selbst die Rosenstöcke, während mein Vater ihr half, die trockenen Zweige fortzuschaffen, die sie von Bäumen und Hecken gelöst hatte; sogar beim Reiten hatte mein Vater häufig die Gartenschere bei sich.

Meine Mutter war eine äußerst intelligente tatkräftige Frau, vielseitig in allen sozialen Fragen interessiert; sie gründete eine Anzahl gemeinnütziger Anstalten, z. B. eine Kochschule für junge Mädchen in Berlin, die in der Steinmetzstraße lag und unter Leitung Frau Hedwig Heyls stand. Die Schule wurde sehr populär und viel von den Töchtern des Adels besucht; auch ich gehörte zu ihren Schülerinnen, ebenso wie Marie von Bunsen, die sich als Schriftstellerin einen Namen gemacht hat. Die Stunden waren sehr angenehm und erwiesen sich noch nach Jahren nützlich, wie ich selbst bezeugen kann; meine Hauptstärke war die Spinatzubereitung; einmal brachte ich welchen mit nach Hause und war sehr stolz, als meine Eltern ihn kosteten und lobten. Mein Onkel Friedrich Karl war gerade zum Essen da, und meinte, er habe niemals in seinem Leben Besseren bekommen - was mir natürlich sehr schmeichelte.

Meine Eltern reisten sehr gern; gewöhnlich begleiteten wir drei Schwestern sie. Nach dem Tode meines armen Bruders Waldemar brauchten meine Eltern einen Wechsel von Ort und Luft; so gingen wir alle nach Pegli, einem hübschen Küstenort in der Nähe von Genua. Auch unsere Gouvernanten kamen mit. In der Villa Spinola, deren Gärten uns entzückten, gab es überall versteckte Quellen und geheimnisvolle Springbrunnen; wenn man sich z. B. auf eine bestimmte Bank setzte, sprang plötzlich überall Wasser hoch und durchnäßte den Ahnungslosen, oder beim Überschreiten einer Brücke, die zu einer Rosenlaube führte, wurde ein Hebel heruntergedrückt und die Fontäne stieg auf.... Natürlich machten uns Kindern diese Dinge riesigen Spaß, während die Erwachsenen in achtungsvoller Entfernung blieben.

Oft begleiteten uns Freundinnen in die Ferien oder besuchten uns, wenn sie gerade in der Nähe waren; so hielt sich meine Freundin Bessy Bedan im Hotel auf, eine Amerikanerin, die ich schon in Berlin getroffen hatte; mit ihr zusammen bekam ich die ersten Tennisstunden von meinem Lieblingsgeistlichen, Reverend Stainer, einem eigentümlichen, gesetzten Mann und erfahrenen Tennisspieler. Ich kam Bessy persönlich sehr nahe; später heiratete sie den Romancier Mr. Marion Crawford. Auch Mr. und Mrs. Goschen besuchten uns mit ihren Kindern für einige Wochen; meine Eltern standen sehr gut mit ihnen. Alle zusammen machten wir lange Spaziergänge in den umliegenden Hügeln und pflückten Primeln, Veilchen und Myrten, oft begleitet von Professor Graf Kalckreuth und seiner Tochter Gräfin Pauline; der Graf war einer der besten deutschen Landschaftsmaler, die Gräfin wurde in der Folge Hofdame bei meiner Mutter. Unsere Beziehungen zu den Großeltern blieben ausgezeichnet. Kaiser Wilhelm I. war eine imposante Erscheinung, ein ernster, aber freundlicher Mann, der für alles Verständnis hatte und infolge seines festen und unbeirrbaren Wesens überall Respekt und Verehrung erweckte. Meine Großmutter, die Kaiserin Augusta, schien bisweilen ziemlich kalt und förmlich. Kaisers Geburtstag, der 22. März, war ein großer Tag bei uns; da Blau meines Großvaters Lieblingsfarbe war, trugen wir alle blaue Kleider. Am 22. März um 10 Uhr vormittags fuhr die ganze Familie in Galakutschen zum Palais, um dem Kaiser zu gratulieren; wir Enkelinnen knixten und küßten seine Hand, die er zurückzog, um uns liebevoll zu streicheln. Wir beteten ihn an - er war immer gütig und einfach.

GROSSE MÄNNER, DENEN ICH IM ELTERNHAUS BEGEGNETE

Meines Vaters Geburtstag fiel auf den 18. Oktober. Gewöhnlich feierten wir ihn im Neuen Palais ganz *en famille*; nur abends fand zur festlichen Gelegenheit des Tages ein großer Ball für Freunde und offizielle Persönlichkeiten statt. Oft tanzte ich auch mit meinem Bruder Wilhelm; einmal stellte er mir den Grafen Alexander Münster vor, den Sohn des deutschen Botschafters in London. Auch er muß ein glänzender Tänzer gewesen sein, da ich mich des Tanzes mit ihm sehr deutlich erinnere - vielleicht habe ich ihn aber auch sofort im Gedächtnis behalten, weil Wilhelm und er mich erbarmungslos wegen meines Haares neckten, das damals sehr lang war und bis über die Hüften herunterhing. Für den Ball aber war es ganz unnötigerweise gekräuselt worden, da es sich von selbst lockte, und zwar viel zu stark, so daß es den beiden jungen Leuten Anlaß zu großer Belustigung bot.

Sonntags speisten wir abwechselnd bei den Großeltern und zu Hause; eines solchen Essens erinnere ich mich noch sehr gut. Wir wollten gerade zum Familiendiner bei meinem Großvater aufbrechen, als die Nachricht von der Ermordung des Zaren Alexander II. von Rußland kam (13. März 1881), die uns tief erschütterte. Sogleich eilten meine Eltern ins Palais, um dem Kaiser ihr Beileid auszusprechen, und fanden ihn durch das Verbrechen und die Einzelheiten der Ermordung sehr bedrückt. Der Zar kehrte von einer Ausfahrt zurück, als ein Nihilist eine Bombe unter den Wagen warf, die beim Explodieren einige der Kosaken und Umstehenden verletzte, den Kaiser aber nicht traf. Er stieg aus, um sich nach den Verwundeten zu erkundigen; ein zweiter Nihilist sprang hinzu und schleuderte eine zweite Bombe gerade vor die Füße des Zaren, der schrecklich verstümmelt in den Palast geschafft wurde. Er starb, als er kaum das Gebäude erreicht hatte. Ganz Europa war starr vor Schrecken, da Zar Alexander trotz mancher Fehler als aufgeklärter Herrscher betrachtet wurde. Meine Mutter fühlte sich besonders durch das Unglück betroffen, da ihr Bruder die Tochter des Zaren geheiratet hatte.

Wenn wir mit unseren Eltern und Großeltern dinierten, mußte die strengste Etikette befolgt werden. Wir mußten steif aufgerichtet bei den Mahlzeiten sitzen, durften uns niemals anlehnen und natürlich nie die Ellenbogen auf den Tisch legen; Sprechen, ohne angeredet zu sein, war verboten. Indessen wurde ich, als ich noch ganz klein war, mit großer Nachsicht behandelt, obwohl ich mich als großer Zappelphilipp zeigte. Natürlich servierte man uns andere Speisen als den Erwachsenen; als einmal ein sehr verlockend ausschauendes Gericht vor meinen Vater hingesetzt wurde und ich etwas davon haben wollte, erhielt ich zur Antwort: „Das sind gekochte Mäuse, meine Liebe, die sind noch nichts für dich." Die Antwort überzeugte mich zwar nicht, aber ich weiß, daß ich nichts von der Speise bekam.

Trotz dem liebevollsten Verhältnis zu unseren Eltern wurden wir streng erzogen, durften uns in ihrer Gegenwart niemals setzen und mußten ihnen beim Gutenacht- und Gutenmorgensagen die Hand küssen.

Als Kinder liebten wir das Theaterspielen, führten oft kleine Stücke auf und fanden in den Eltern und sogar den Großeltern dankbare Zuschauer. Als wir älter wurden, nahmen uns die Eltern ins Theater mit; meine Mutter war aber sehr eigen in Bezug auf die Art des Stückes, das wir sehen sollten: es mußte in jeder Beziehung vollständig korrekt sein, sonst durften wir nicht mit.

Mein Vater war sehr musikalisch und ging gern in die Oper; er nahm mich oft mit, während Mama zu Hause blieb. Obgleich sie Musik sehr liebte, zog sie dies häufig vor, da sie gerne einen Abend mit meinen jüngeren Schwestern verbrachte, so merkwürdig dies auch für eine Kronprinzessin und Kaiserin zu sein scheint. Im Opernhaus hatten wir unsere Privatloge gerade über dem Orchester; aus der Loge zur Bühne führte eine kleine Tür, die mein Vater häufig benutzte, um mit den Sängern zu sprechen. Seine Art und Weise, mit den Menschen persönlich zu verkehren, war prachtvoll.

Als einmal die Lucca „Carmen" sang und in ihrer Rolle ganz ausgezeichnet war, erkundigte sich mein Vater, ob sie ihm vorgestellt werden wollte, damit er ihr gratulieren und seine Bewunderung ausdrücken könne. Ich war zugegen und sah, wie außerordentlich sie sich über die Aufnahme freute, die sie fand. Ihre Anmut machte ebenso großen Eindruck auf mich wie ihr wundervolles Spiel und ihr herrlicher Gesang, so daß ich mich außerordentlich freute, die Gelegenheit zu haben, sie so nahe sehen zu können.

Meine beiden Eltern waren von aufrichtigem Interesse für die Kunst erfüllt und unterstützten sie mit Leidenschaft. Salvini und Rossi, damals die größten italienischen Schauspieler, besuchten Berlin und spielten hauptsächlich Shakespeare in ganz vollendeter Weise. Rossi wurde in Audienz von meinem Vater empfangen. Ich erzählte ihm, daß meine jüngste Schwester Patenkind der Königin Margherita sei, worauf er in großes Entzücken geriet und einen Kuß auf die Stirn des Kindes drückte. Wie ich mich entsinne, war meine Schwester sehr stolz darauf.

Den Winter verbrachten wir gewöhnlich in Berlin; für meine Eltern bedeutete dies eine sehr anstrengende Zeit, da sowohl meine Mutter wie mein Vater stets mit Besuchen, Gesellschaften, Organisieren von allem möglichen viel zu tun hatten; beide waren dafür außergewöhnlich begabt und hatten einen viel zu großen Gesichtskreis, um der Konvention sklavisch zu dienen. Gleichzeitig bildeten die Interessen und das Wohlergehen des Landes gleichsam eine Region für sich; keiner von ihnen vergaß jemals das Wort „Pflicht". Wo sie konnten, ermutigten und förderten sie fortschrittliche und liberale Ideen je nach ihren verschiedenen Standpunkten. Sie waren beide große Persönlichkeiten und wußten Menschen von besonderen Verdiensten wohl zu schätzen; auch waren sie denen, auf die sie sich verlassen konnten, treue Freunde. Die Folge davon war, daß unser Palais mit ein Mittelpunkt der Kultur wurde, da Berühmtheiten aller Art von meinen Eltern dort begrüßt und zum Diner oder Lunch eingeladen wurden. Unter den bei uns verkehrenden berühmten Künstlern befand sich auch Eugen d'Albert; er spielte vor meinen Eltern, die schnell seine geniale Begabung erkannten und ihm eine große Zukunft voraussagten. Professor Angeli wurde durch die Bildnisse meiner Eltern, die er im Jahre 1872 malte, bekannt; sie sind jetzt in meinem Besitz. Später porträtierte er die Königin Victoria und ihre Familie. Professor Joachim, der berühmte Violinist, kam oft zu uns, um zu spielen. Auch erinnere ich mich sehr gut des Tages, an dem Franz Liszt von meinen Eltern empfangen wurde. Als sie ihn fragten, ob er etwas spielen wolle, stimmte er sogleich zu und spielte prachtvoll. Seine Hände und Finger waren außergewöhnlich lang, dünn und zart; sie flogen in erstaunlicher Weise über die Tasten. Er hatte ein sehr anziehendes Gesicht mit fein gemeißelten Zügen, sein Haar war lang und grau. Mir gefiel Liszt ausgezeichnet. Anton von Werner, der berühmte Historienmaler, besuchte uns ganz zwanglos, ebenso wie Lenbach aus München, dessen wundervolle Bildnisse so sehr bewundert wurden. Außer anderen großen Künstlern erinnere ich mich an Adolf Menzel, an Professor Hertel und Professor Lutheroth, die uns verschiedene Male auf unseren Reisen nach Italien, der Schweiz und Tirol begleiteten.

Professor Helmholtz besuchte unser Palais oft mit seiner Frau; sie half meiner Mutter häufig beim Arrangement von Festen und verschiedenen Wohltätigkeitsveranstaltungen; ihre Tochter Ellen, die später Herrn von Siemens heiratete, war meine Spielgefährtin. Zur gleichen Zeit waren die Kinder des Lords Odo Russel, des englischen Botschafters in Berlin, meine Kameraden.

Lady Russel war eine der Brautjungfern meiner Mutter gewesen; sie stand natürlich sehr gut mit ihr, und meine Mutter hatte sie sehr gerne. Sie und ihr Gatte waren die reizendsten Wirte, so daß jedermann mit Vergnügen ihre Einladungen in die englische Botschaft annahm. Dort probten wir die Quadrille, die wir später im Weißen Saal des Berliner Schlosses bei der silbernen Hochzeit meiner Eltern aufführten, ein Ereignis, von dem ich später zu sprechen haben werde. - Ein anderer häufiger Gast in unserem Hause war die Fürstin Bülow, eine große Freundin meiner Eltern, damals Gräfin Dönhoff, geb. Prinzessin Camporeale; sie war sehr musikalisch und spielte stundenlang Wagner auf dem Klavier.

Meine Mutter hatte eine ausgesprochen musikalische Begabung; sie spielte gut und hatte eine schöne Sopranstimme. Ihre Lieblingskomponisten waren Händel und Bach, ihre Lieblingslieder die von Schubert und Schumann, die sie entzückend sang. Stunden hatte sie bei Sir Michael Costa, der extra von London zu diesem Zweck nach Berlin kam. Außer ihrem musikalischen Talent konnte meine Mutter zeichnen und malen; im Übrigen war sie eine ausgezeichnete Sprachenkennerin. Ihr Wissen und ihre Ansichten waren ihrer Zeit weit voraus; sie selbst brachte meinem Bruder Wilhelm die Anfangsgründe der Chemie bei. Alle Fragen, die das Wohlergehen der Frauen betrafen, beschäftigten sie außerordentlich; sie tat viel dazu, um die Lage der weiblichen Bevölkerung zu verbessern. Es gab kaum ein Unterhaltungsthema, an dem sie sich nicht beteiligen konnte. Sie wußte viel von Medizin, Literatur, Musik, bildender Kunst und Gärtnerei; ihr Gedächtnis war so ausgezeichnet, daß es sogar Wissenschaftler häufig in Erstaunen setzte. Sie gründete alle möglichen Arten von Instituten, vor allen Dingen das Krankenhaus am Friedrichshain zu Berlin, das nach ihr Viktoria-Haus genannt wurde.

Am Ende der Berliner Saison siedelten wir gewöhnlich nach Potsdam über; zu Beginn des Frühjahrs bezogen wir das Neue Palais. Jedes Mal freuten wir uns sehr darauf; denn obgleich wir die Monate in Berlin gern hatten, war doch die Hofetikette so streng, daß wir als Kinder das Ende der Saison herbeisehnten, da wir in Potsdam mehr Freiheit hatten. Für meine Eltern bedeutete die Potsdamer Zeit eine Periode der Erholung, die sie wohl verdient hatten und sehr hoch schätzten. Wir konnten uns dem Sport und dem Leben im Freien widmen. Jeden Morgen ritten wir mit meinem Vater und meiner Mutter aus, frühstückten nach der Heimkehr zusammen; dann pflegte eines von den Geschwistern mit der Mutter nach der

Friedenskirche zu gehen, wo sie täglich die Gräber unserer Brüder Sigismund und Waldemar besuchte.

Wenn keine wichtigen offiziellen Besuche da waren, wurde der Lunch mit den Damen und Herren des Hofes eingenommen. Der Nachmittag, an dem wir keine Stunden hatten, war dem Tennis, Picknicks oder Besuchen oder Bornstedt gewidmet. Wir besaßen zwei niedliche Shetland-Ponys, die uns die Königin Victoria geschickt hatte; sie hießen, warum weiß ich nicht, „Whyski" und „Toddy". Ein anderes Lieblingspony hieß „Tonny", auf dessen Rücken mein Bruder Wilhelm und wir anderen alle reiten lernten. An Sommerabenden gingen wir oft mit meiner Mutter zum Schwimmen nach der Havel. Der Fluß hatte oft eine sehr häßliche Farbe von dicklichem Grün, wie Erbsensuppe. Viele Menschen hätten sich davon abgestoßen gefühlt, aber wir wußten, daß die Beschaffenheit des Wassers durch eine Pflanze hervorgerufen wurde, die auf der Oberfläche blühte, und badeten, ohne uns um die Farbe zu kümmern. Gelegentlich badete auch mein Vater mit uns allen.

Verwandte, an die ich mich
gern erinnere

An freien Tagen, wenn meine Brüder keine Stunden hatten, nahmen uns die Eltern auf Ausflüge zu den historischen Stätten mit, oder wir veranstalteten Picknicks oder besuchten schöne Plätze der weiteren Umgebung. Ganz besonders gern fuhren wir zur Pfaueninsel, wozu wir gewöhnlich den Dampfer „Alexandria" benutzten, der immer zur Verfügung meiner Eltern stand. Da die liebliche Insel mit dem Gedenken an meine Urgroßmutter, die Königin Luise, verbunden ist, die gern dort geweilt hatte, besaß sie für meine Eltern große Anziehungskraft. Seit den Tagen seiner Jugend kannte mein Vater einige der dort wohnenden Beamten und sprach und scherzte gern mit ihnen. Für uns Kinder, die sich an der Aufregung der Überfahrt und des Landens freuten, besaß die Insel eine besondere Attraktion in Form einer Rutschbahn. Sie bestand aus kleinen Wagen, die mit Lederriemen aneinander gekoppelt waren, damit die Insassen nicht herausfallen sollten. Mädchen und Damen nahmen die Sitze ein, während die Jungen und Herren an der Rückseite der Wagen standen und sich über uns lehnten; dabei hielten sie sich an Messingknöpfen fest, an denen die Riemen angebunden waren. Das Verfahren war nicht ganz leicht, aber sehr amüsant.

Eine Anzahl unserer Verwandten wohnten zu verschiedenen Jahreszeiten in der Nähe von Potsdam, natürlich besuchten wir sie manchmal. Da war die Fürstin Liegnitz, die zweite Frau meines Urgroßvaters Friedrich Wilhelm III., eine freundliche und liebenswürdige Dame, und die Königin Elisabeth, die Witwe meines Großonkels Friedrich Wilhelm IV., die in größter Zurückgezogenheit das Schloß von Sanssouci bewohnten. Ganz in unserer Nähe lebte Prinz Karl von Preußen, der Bruder meines Großvaters, der meine Großtante Marie, die Schwester der Kaiserin Augusta, geheiratet hatte. Sie wohnten im Schloß Glienicke, und wir besuchten sie sehr gern.

Besonders die Geburtstage des Prinzen Karl bedeuteten für uns immer ein Fest. Wir begleiteten unsere Eltern zur Gratulation; vermutlich freute uns junge Leute am meisten die prachtvolle Schokolade, die, wie es am preußischen Hof bei solchen Gelegenheiten üblich war, in schönen alten Porzellantassen serviert wurde. Eine Quelle größten Interesses am Hofe meines Großonkels waren seine beiden Negerdiener, die wir höchstlich bewunderten. Einer von ihnen war wirklich ein sehr hübscher Bursche, dessen Portrait meine Mutter gemalt hat.

Sogar für uns Mädchen hatte das Leben eine militärische Seite. Allerdings kann ich mich kaum an den Krieg von 1870 erinnern; aber ich weiß, daß meine Mutter uns alle mit nach Homburg nahm, wo sie mit anderen Damen zusammen ein Lazarett errichtet hatte, das in vieler Beziehung vorbildlich war. Meine Mutter widmete ihm ihre ganze Zeit, ebenso wie sie sich um andere Einrichtungen kümmerte, die den Verwundeten Besserung und Erleichterung ihrer Leiden bringen sollten.

Obwohl ich noch ein kleines Kind war, besinne ich mich wohl darauf, welch wilde Erregung uns packte, als die Nachricht von der Kaiserproklamation in Versailles uns ereichte. Wenige Monate später kehrten mein Großvater und mein Vater nach Deutschland zurück; im Sommer fand in Berlin ein überwältigender Empfang für den neuen Kaiser, den Kronprinzen und die siegreiche Armee statt. Meine Erinnerungen an diese Ereignisse sind natürlich sehr vage, aber ich erinnere mich, daß ich mit meinen Eltern und Geschwistern nach Berlin fuhr und von der großen Erregung des Augenblickes ergriffen wurde. Der Vorbeimarsch der Truppen schien endlos; überall waren Blumen und es spielte Musik, überall sah man von überschwänglicher Freude gepackte Menschen, von denen viele am liebsten gebetet hätten. Als ich älter wurde, durfte ich oft meinen Vater zu den Inspektionen der Kavallerieregimenter auf dem Bornstedter Feld begleiten

Es war nichts Ungewöhnliches für uns, an den Vergnügungen des Volkes teilzunehmen, stets war es ein schönes Bild, meinen Vater in der Mitte des Volkes zu sehen, auf das er einen ausgezeichneten Einfluß hatte. Seine Einfachheit, seine Liebenswürdigkeit und sein reizendes Lachen, mit dem er die Menschen begrüßte, gewannen ihm aller Herzen. Ich entsinne mich eines Brandes im Dorfe Eiche, das nahe beim Neuen Palais lag, eine ganze Anzahl der Häuser brannte nieder. Mein Vater, der sogleich bei Ausbruch des Feuers hingeeilt war, verließ das Dorf erst, nachdem die Feuerwehr ihre Arbeit beendet hatte. Während der ganzen Dauer des großen Brandes versuchte mein Vater die heimatlos gewordenen Bauern zu trösten und versprach, ihnen neue Häuser bauen zu lassen. Natürlich hielt er sein Wort, wie er es immer tat.

*

Unsere Beziehungen zu England sind stets die freundlichsten gewesen. Meine Mutter liebte Großbritannien natürlich als ihr Vaterland, lehrte es uns von Kindheit respektieren und lieben und gab uns selbst als Kindern Unterricht in der englischen Sprache. Mit unserer Großmutter, der Königin Victoria, standen wir stets in engstem Verkehr und besuchten sie oft; häufig begab sich die ganze Familie oder doch einige ihrer Mitglieder auf eines der Schlösser oder einen der Landsitze der Königin. Kaum ein Jahr verstrich, ohne daß ihr ein solcher Besuch abgestattet wurde; gewöhnlich reisten wir Ende Juni oder Anfang Juli nach England. Glücklicherweise gab es damals noch keine feindlichen Gefühle zwischen den beiden Ländern; der Gedanke an einen Krieg hatte die Seelen der Menschen noch nicht vergiftet. Meine liebe Großmutter wäre entsetzt gewesen, wenn sie hätte voraussehen können, daß die beiden durch verwandtschaftliche Beziehungen der regierenden Häuser so eng verbundenen Länder sich in verhältnismäßig kurzer Zeit gegenseitig an die Kehle springen würden. Die Tage unserer Kindheit waren noch glücklich!

Mein Großvater, Prinz-Gemahl Albert, war vor meiner Geburt gestorben; aber meine Mutter und meine Großmutter erzählten mir oft von ihm, so daß ich das Bild eines schönen, ernsten und sehr gütigen Mannes vor mir sehe, dessen Einfluß auf ihr Leben meine Großmutter niemals vergessen konnte.

Sie hat seinen Tod nie überwunden und fand nur Trost darin, ihre Liebe auf ihre Kinder und Enkel zu verteilen. Meine Mutter war als das älteste Kind dem Herzen ihrer Eltern besonders nahe; die Königin nahm ein ganz besonderes Interesse an allen Vorgängen in unserer Familie, an unserer Gesundheit und an unserer Erziehung. Jede Kleinigkeit war ihr bekannt; wir Kinder waren daher stets glücklich, sie besuchen zu können, und England wurde infolgedessen ebenso unser zweites Vaterland wie Englisch unsere zweite Muttersprache. Ich persönlich habe immer die aufrichtigste Zuneigung zu England gefühlt, die auch in den bitteren Tagen des Weltkrieges nicht zu zerstören war; aber die Menschen konnten nicht einsehen, daß meine Liebe zu England in keiner Weise meine glühende Zuneigung zu meinem eigenen Lande, zu Deutschland, beeinträchtigte. Darum hat mir der Krieg fast das Herz gebrochen, da mein Vaterland und ein anderes Land, das zu lieben ich erzogen worden war, einander haßten und bekämpften.

Das war die Tragödie unserer Familie. Während des Krieges besuchte ich die Lazarette, und da ich ebenso gerne mit englischen wie mit deutschen Verwundeten sprach, entstand, wie ich glaube, an vielen Stellen eine heftige Abneigung gegen mich, als ob ein Verwundeter weniger verwundet wäre, wenn er einem anderen Volke angehört, das unglückseligerweise dem Eigenen feindlich gesinnt ist! Mir ist gesagt worden, daß ich nach dem Kriege die Gefühle mancher Leute verletzt hätte, da ich Engländern Gastfreundschaft gewährte. Vermutlich vergessen diese, daß die Engländer uns im gleichen Geiste aufgenommen hatten, und daß wir, je eher wir uns vom Gifte des Krieges freimachten, um so früher auf höflichem Fuße miteinander zu verkehren imstande sind. Wie die meisten Leute, die während des Krieges viel gelitten hatten, wünschte ich nach Einstellung der Feindseligkeiten zur Verbreitung friedlicher Ansichten beizutragen.

Ich will zu meinen Kindertagen zurückkehren. Wenn wir Deutschland verließen, um nach England zu reisen, fuhren wir über Vlissingen, wo uns die königliche Yacht „Victoria and Albert" erwartete. Wir liebten die Yacht sehr; sie war prächtig eingerichtet und bot nach der langen staubigen Bahnfahrt viele Bequemlichkeiten. Es war stets der besondere Wunsch meiner Großmutter, daß wir ihre Yacht benutzten; sie war immer in solchen Kleinigkeiten sehr auf unser Wohl bedacht. Einer der Kammerherren der Königin empfing meine Eltern an Bord. In England stand bei unserer Ankunft ein Extrazug bereit, um uns nach London zu bringen, und während wir von der Station zum Palast fuhren, versammelten sich stets Menschen auf der Straße, um uns zu begrüßen. Immer wieder rührte es uns, wenn wir Engländer rufen hörten: „Gott segne unsere Prinzeß Royal".

Der Fackeltanz der Minister

Manchmal blieben wir einige Tage in London, um Besuche und Einkäufe zu machen; wir wohnten natürlich im Buckingham Palace als Gäste meiner Großmutter. Einige Male fuhren wir von dort nach Windsor oder nach Osborne, einem reizenden Landsitz der Königin auf der Insel Wight. Unsere Kinderzimmer waren überall freundlich und bequem, so daß wir uns sofort zu Hause und behaglich fühlten. Jedermann war freundlich zu uns; wir wurden vollkommen wie die eigenen Kinder des Hauses behandelt. Wir liebten unsere Großmutter über alle Maßen, da sie uns als Kinder ausgezeichnet zu verstehen schien. Eine Menge Spielzeug war für unsere Zerstreuung bereitgestellt; in Windsor durften wir in der Milchwirtschaft des Gutes spielen, wo ein kleiner Raum speziell für uns eingerichtet war, in dem wir Butter und Käse machen konnten.

Als wir erwachsen waren, nahmen wir am gesellschaftlichen Leben in Osborne teil und verbrachten stets eine entzückende Zeit. Man führte ein reizendes Leben im Freien; viel Zeit wurde auf den Yachtsport verwandt. Meine Mutter und wir Schwestern begannen den Morgen mit einem Schwimmbad; dann frühstückten wir alle zusammen zu Hause, oder wenn es das Wetter erlaubte, in einem Zelt. Später fuhren wir mit der Königin in ihrem Ponywagen um die prachtvoll gelegenen Rasenflächen, wobei uns ihre Lieblingshunde stets begleiteten. Am Lunch, am Diner und am Nachmittagstee nahmen gewöhnlich auch andere Mitglieder der königlichen Familie teil. Da unsere eigene Familie schon allein acht Mitglieder zählte, kann man sich leicht vorstellen, wie groß die Gesellschaften waren, wenn „nur Familie" an ihnen teilnahm.

Die Königin war immer sehr gnädig; als besonderes Kompliment für uns pflegte sie mit den Damen und Herren aus meines Vaters Gefolge deutsch zu sprechen. Sie beherrschte die Sprache ausgezeichnet, wie es natürlich schien, da ihre Familie deutschen Ursprungs war und sie selbst einen deutschen Prinzen geheiratet hatte.

Auch unsere anderen englischen Verwandten freuten sich immer, wenn wir sie besuchten. Meine Tante Beatrice machte uns immer viel Spaß, da sie mit uns spielte, während Tante Louise uns verwöhnte und verhätschelte. Einer unserer besten Freunde war Onkel Arthur, der Herzog von Connaught, da er mit uns nicht nur als Bruder meiner Mutter eng verwandt war, sondern weil er auch unsere Kusine, die Prinzessin Margarethe Luise von Preußen, geheiratet hatte. Er und mein Bruder Wilhelm waren besonders gute Freunde. Nach seiner Heirat wurde ihm die Uniform der Zieten-Husaren verliehen, die er dann mit vielem Stolz bei wichtigen Gelegenheiten in Deutschland trug. Ebenso zog mein Bruder Wilhelm sehr gern das Hochländer-Kostüm an, welches ihm meine Großmutter geschenkt hatte, wenn er auf Besuch in Schottland war.

Häufig wurden von Osborne aus für uns Ausflüge nach den schönsten Punkten der Insel arrangiert, die vor allem meine Mutter sehr liebte, da das Eiland sie an ihren Vater erinnerte. Im Park von Osborne ist eine Ecke mit Bäumen, von denen jeder von einem regierenden Fürsten gepflanzt worden ist, wie viele Herrscher haben in diesem Winkel gestanden!

Mein Bruder Wilhelm interessierte sich immer außerordentlich für Marineangelegenheiten und fuhr oft nach dem Hafen von Portsmouth hinüber, um die verschiedenen Typen von Kriegsschiffen zu betrachten und sich die Docks und Werften zeigen zu lassen.

Die Königin dachte stets an unsere Geburtstage und an Weihnachten, sowie an andere Tage von vielleicht noch größerer Bedeutung in unserem Leben; obgleich sie nicht persönlich anwesend sein konnte, unterließ sie es niemals, sich von einem Repräsentanten der königlichen Familie vertreten zu lassen.

Eines der größten persönlichen Erlebnisse für mich war meine Konfirmation. Unter normalen Umständen hätte die Zeremonie in der Kirche stattgefunden; da ich aber stark erkältet war, hatten andere Vorbereitungen getroffen werden müssen. Unter der Aufsicht meiner Mutter war einer unserer Empfangsräume in eine Kapelle verwandelt worden. Mein Vetter, Prinz Friedrich Leopold von Preußen, der spätere

Schwager des Herzogs von Connaught, wurde mit mir zusammen konfirmiert. In unserer Familie hatte diese Feier stets etwas sehr Eindrucksvolles, da ihr alle Mitglieder der königlichen Familie zusammen mit einer Anzahl fremder Fürstlichkeiten und Vertreter fremder Mächte beiwohnten. Zur Feier meiner Einsegnung hatte sich eine grosse Familienversammlung eingefunden; das Heilige Abendmahl wurde im Palais meines Großvaters, des Kaisers, eingenommen; nach der Etikette mußten die Damen schwarze Kleider, weiße Handschuhe und eine weiße Haube auf dem Kopf tragen. Ich erhielt eine Menge Geschenke, unter denen sich einige prachtvolle Schmuckstücke befanden.

Als ich heranwuchs, öffnete sich ein neues Leben für mich. Es war mir Pflicht und Vergnügen zugleich, bei offiziellen Gelegenheiten in Erscheinung zu treten, so daß meine Tage völlig ausgefüllt blieben. Mein erster offizieller Ball bedeutete natürlich ein großes Ereignis für mich; er fand in der italienischen Botschaft statt. Ich entsinne mich noch jeden Details meines Kleides: es war aus rosa Tüll mit apfelgrünem Besatz und sah sehr reizend aus. Damals forderten die Prinzessinnen ihre Tänzer selbst auf, die von den Kammerherren informiert wurden, daß sie zum Tanz befohlen seien. Ich genoss die Freude dieses Balles aufs beste - wie schön lag das Leben vor mir!

Im Februar 1878 passierte etwas Wichtiges: eine Doppelhochzeit fand statt. Meine Schwester Prinzessin Charlotte heiratete den Erbprinzen Bernhard von Sachsen-Meiningen, und die Prinzessin Elisabeth von Preußen, Schwester der Herzogin von Connaught, vermählte sich dem Erbgroßherzog Friedrich August von Oldenburg. Die Feierlichkeit fand in der Kapelle des Berliner Schlosses statt: beide Bräute sahen reizend aus. Meine Schwester trug den Brautschleier meiner Mutter aus wunderbarer alter Spitze und hatte eine lange Hofschleppe aus Seidenbrokat, die von den Brautjungfern getragen wurde.

An Höfen dauern die Hochzeitszeremonien lange; zu ihrem Schlusse findet ein Fackeltanz statt, der manchem merkwürdig vorkommen könnte, den wir selbst aber sehr interessant fanden.

Die Gesellschaft versammelte sich im Weißen Saal; die Damen trugen alle helle Hofkleider, deren Schleppen vor ihren Sitzen ausgebreitet waren. Um Mitternacht begann auf ein Zeichen die Musik zu spielen, und zwar vom Prinzen Albrecht von Preußen (Prinz-Regent von Braunschweig) besonders für diese Gelegenheit komponierte ruhige und würdige Rhythmen. Der Oberzeremonienmeister, in diesem Fall Graf Eulenburg, tritt mit seinem Stabe in der Hand ein, gefolgt von zwei langen Reihen Ministern mit Fackeln in den Händen. Sie schritten im Rhythmus rund um den Saal, blieben dann vor der Braut und dem Bräutigam stehen, die auf einer erhöhten Plattform saßen, und verneigten sich. Darauf erhob sich das neuvermählte Paar, stieg die Stufen hinunter und schloß sich, begleitet von schleppentragenden Hofdamen, der Prozession rund um den Saal herum an. Wenn dies einmal geschehen war, nahm die Braut den Kaiser bei der einen und den nächsten männlichen Verwandten bei der anderen Hand; der Bräutigam führte die Kaiserin und die Mutter der Braut, während alle langsam nach dem Rhythmus um den Saal schritten. Dann geht die Braut allein und wählt sich jedes Mal einen anderen Prinzen zum Partner, während der Bräutigam dasselbe mit jeder Prinzessin tut; die Paare vollführen jedes Mal einen Hofknix, wenn sie bei den Majestäten vorbeikommen. Die Wirkung dieser Zeremonie ist sehr gut und fesselnd, wenn sie auch für die Braut und den Bräutigam außerordentlich ermüdend ist. – Prinzeß Charlotte und ihr Gatte wohnten zuerst in Potsdam und später in Berlin, als mein Schwager zu den „Maikäfern" versetzt wurde.

Eine andere Hochzeit fand 1881 statt, und zwar eine sehr wichtige, nämlich die meines Bruders Wilhelm. Als Kind hatte er Prinzessin Auguste-Viktoria, die Tochter des Herzogs Friedrich von Schleswig-Holstein-Augustenburg, kennengelernt, als die Familie Reinhardtbrunn in Thüringen aufsuchte. Ihr Vater und unser Vater waren außerordentlich befreundet. Sie hatten als Offiziere zusammen gestanden; unsere beiden Familien hatten stets viel voneinander gehört und sich gegenseitig besucht. Außerdem bestand noch eine andere Beziehung, da die Schwester meiner Mutter, Prinzessin Helene, Auguste-Viktorias Onkel, den Prinzen Christian von Schleswig-Holstein geheiratet hatte; er ist mir ein Freund fürs Leben geworden. Mein Bruder hatte sich im vorhergehenden Jahre verlobt; wir freuten uns sehr und glaubten, daß das Paar ausgezeichnet zueinander passe. Am Tage vor der Hochzeit wurde meine zukünftige Schwägerin im Hofe des Palais begrüßt, in dem mein Vater ihr bei ihrer Ankunft in Gegenwart einer großen Menge den Willkommen bot, während die Grenadiere mit präsentiertem Gewehr standen. Überall herrschte am Hochzeitstage die größte Aufregung.

Die Braut muß einen offiziellen Einzug in Berlin halten und wird deshalb vom Schloß Bellevue aus abgeholt. Auguste-Viktoria fuhr mit meiner Mutter in der goldenen Staatskarosse durch die Straßen der Stadt und wurde von der sie erwartenden Menge mit größter Freude begrüßt. Alles war mit Flaggen, Guirlanden und Blumen auf das prächtigste geschmückt; die ganze Hochzeit verlief im größten Glanze. Es war die Gewohnheit aller Bräute, die in die preußische Königsfamilie heirateten, gewisse Kronjuwelen an ihrem Hochzeitstage zu tragen, und zwar ein Diadem von wundervollen Diamanten mit einer kleinen zierlichen diamantenen Krone, die ihnen in der sogenannten Brautkammer aufgesetzt wird.

Anfangs wohnten mein Bruder Wilhelm und seine Gemahlin im Stadtschloß zu Potsdam, zogen aber später in das Marmorpalais, wo ihnen auch ihr ältester Sohn im Jahre 1882 geboren wurde. Natürlich war dies ein aufregendes Ereignis; wir hatten uns im Marmorpalais versammelt, und meine Mutter war sofort in das Zimmer der Prinzessin gegangen. Einige Stunden später, als ich mit meinem Vater auf Nachricht wartete, hörten wir Wilhelms Stimme, die freudig rief: „Papa, es ist ein Junge!" So kam der Kronprinz auf die Welt, bei dessen Taufe eine andere alte Tradition aufrechterhalten wurde. Die älteste unverheiratete Prinzessin mußte das auf einem Kissen liegende Baby durch verschiedene Zimmer bis zum Altar tragen, während zwei Hofdamen ihre Schleppe trugen, die, aus weissem Satin bestehend, seit undenklichen Zeiten bei den Taufen der Hohenzollernprinzen benutzt wird. Sie zeigt in Stickerei den Namen jeder Prinzessin, die sie getragen hat. Da ich die älteste unverheiratete Prinzessin war, fiel diese Aufgabe mir zu. Während ich die kostbare Last trug, mußte ich vor meinem Großvater, dem Kaiser Wilhelm, einem der Paten, tief knixen, was, wie man sich vorstellen kann, mit dem Kissen und meines Bruders Erstgeborenen im Arm keineswegs leicht war. Obendrein wollte mein Großvater das Kind nicht während der ganzen Zeremonie halten, und so wurde es wieder mir übergeben. Dabei wachte das Baby auf und fing an, mitten im Kreise der zahlreichen Verwandten, die sich zu seiner Ehre versammelt hatten, zu schreien. Das einzige Gegenmittel, welches mir einfiel, war, meinen kleinen Finger aus dem Handschuh zu ziehen und ihn dem Kinde in den Mund zu stecken. Es beruhigte sich sofort und brachte ein freundliches Lächeln auf die Gesichter der ganzen Familie. Da es eine ganze Menge Kinder während der nächsten Jahre zu taufen gab, bekam ich bald große Erfahrungen im Tragen des Kissens und des Babys bei Taufen.

Bei dieser Gelegenheit ist es vielleicht interessant, ein paar Worte über die Pflichten der Hofdamen und über die steife Etikette zu sagen, der man genau zu folgen hatte.

Die Damen wurden in verschiedene Klassen eingeteilt: Erstens die Palastdamen, wie Lady Ampthill, bei meiner englischen Großmutter, deren Gegenwart nur bei ganz besonderen Gelegenheiten wie Hochzeiten und großen Empfängen benötigt wird; ferner die Hofdamen, welche abwechselnd Dienst bei der Kaiserin tun. Am Hofe meiner Mutter hatten wir die Herzogin von Trachenberg, deren Stellung einige Ähnlichkeit mit der „*Mistress of the Robes*" hatte. Die Pflichten dieser armen Damen sind außerordentlich streng umschrieben; niemals kann die geringste Abweichung von dem geduldet werden, was seit Generationen für die richtige Hofetikette gehalten wird.

Die Sorgen einer Oberhofmeisterin

Natürlich hatten auch wir Prinzessinnen jede dauernd eine Hofdame, deren Pflichten aber nicht so eng umgrenzt waren. Neben den schon erwähnten Damen gab es Ehrendamen Ihrer Majestät, deren Dienst freiwillig war. Es galt für jede Dame als eine groß Ehre, die Erlaubnis zu erhalten, den Dienst bei der Kaiserin zu tun.

Als meine Mutter Kaiserin wurde, zeichnete sie einen sehr schönen Orden für ihre Hofdamen, welchen diese bei allen Gelegenheiten trugen.

Meine Schwägerin Auguste Viktoria hatte drei Hofdamen, die vom Tage ihrer Hochzeit bis zu ihrem Tode um sie waren, nämlich die Oberhofmeisterin Gräfin Brockdorff und die Palastdamen Gräfin Keller und Fräulein von Gersdorff, die ihr alle treu ergeben waren. Sie erregten ab und zu einiges Aufsehen, weil sie, obgleich sie außerordentlich gütige und fromme Damen waren, für die jüngeren Hofdamen ein wenig zu gesetzt und ernst erschienen, so daß diese sich manchmal hinter ihrem behäbigen Rücken über sie lustig machten. Unter den jüngeren Leuten hießen sie allgemein die „Halleluja-Tanten"; alle drei besaßen ihre Eigenheiten und waren, besonders die Gräfin Brockdorff, berühmt wegen ihrer tiefen Kenntnis der Hofetikette. Die Gräfin war in der Tat in dieser Hinsicht ein wahres Lexikon.

Ich erinnere mich einer Menge kleiner Vorfälle, die Anlaß zu geringfügigen Mißstimmungen wurden. Ich bin ein ziemlich unabhängiger Mensch und wollte mich nicht von der Gräfin unterkriegen lassen; so konnten wir uns z. B. niemals über die Handschuhe verständigen. In dieser Beziehung hatte sie ihre ganz persönlichen Ansichten, da sie nur Ziegenleder-Handschuhe gestatten wollte, die ich nicht leiden mochte; unweigerlich benutzte ich schwedische, was die arme Dame aufs tiefste betrübte, weil sie behauptete, meine Geschwister seien dagegen!! Einmal allerdings kam es zu einem ernstlichen Streit, und zwar am Geburtstag meines Bruders Wilhelm, der damals schon

Kaiser war. Bei der Defileecour stand ich mit dem Rücken ziemlich dicht am Fenster; da es Januar war und der Ostwind pfiff, hatte ich Angst vor einer Erkältung. Da ich fror, schlang ich mir meine Boa um die Schultern. Plötzlich fühlte ich, wie mich jemand auf den Rücken klopfte, und hörte eine scharfe weibliche Stimme flüstern: „Weg mit der Boa". Ich konnte mich nicht entsinnen, in meinem ganzen Leben jemals so angeredet worden zu sein, drehte mich ärgerlich um und sah zu meinem Erstaunen die Gräfin Brockdorff vor mir, die diese Worte gesprochen hatte. Sie erklärte mir, daß ich unmöglich eine Boa tragen könne, wenn meine Schwägerin, die Kaiserin, keine umhätte, da die Hoftoilette es so vorschrieb. Ich sah sie an und sagte leise - man darf während der Gratulationszeremonie nicht sprechen: „Meine Boa bleibt, wo sie ist. Ich werde mit meinem Bruder darüber sprechen." Das tat ich denn auch, und trug in Zukunft meine Handschuhe und meine Boas in Frieden, wie und wann ich wollte.

Solange meine Schwestern und ich noch unverheiratet waren, pflegten wir mit unseren Eltern lange Sommerreisen nach Tirol, der Schweiz, den italienischen Seen und Venedig zu machen. Einmal bot uns auch Lord Carnavon seine Villa an, die wundervoll auf dem hohen Felsen bei Portofino gelegen war, nahe bei den kleinen Häfen von Rapallo und Santa Margherita. Gerade oberhalb der hübschen Villa wohnten der englische Konsul in Genua, Mr. M. B. Brown, und seine Frau in einem Schloß; sie waren häufig unsere Gäste. Mr. Brown war unermüdlich im Arrangieren von Picknicks und Ausflügen aller Art. Mein Bruder, Prinz Heinrich, kam mit seinem Flügeladjutanten, Herrn von Usedom, eigens zu meines Vaters Geburtstag am 18. Oktober zu den Festlichkeiten nach Portofino. Heinrich und ich schwammen und ruderten zusammen; an Zeitvertreib jeder Art fehlte es uns nicht.

Um unseren Vater zu überraschen und zu erfreuen, dachten wir uns einige Scharaden aus, für die Mr. Brown alle nötigen Kostüme beschaffte. Wir wählten den Namen Friedrich: jeder Buchstabe sollte durch einen Scherz dargestellt werden. Ein spaßiger Zwischenfall passierte; wir hatten den Flügeladjutanten meines Vaters, den Grafen Schlieffen, als Indianer angezogen; während er den Prolog vorlas, sahen wir von den Kulissen aus, daß verschiedene Teile seines engen Anzuges langsam anfingen zu platzen, so daß einer der Dienstboten eiligst Nadel und Zwirn holen mußte, um ihn wieder zuzunähen! Mit Mühe unterdrückten wir unser krampfhaftes Lachen, damit die Zuschauer nichts davon merken sollten: aber mein Vater, der sehr scharfe Augen hatte, bekam es doch heraus.

Unsere Besuche in Venedig waren nicht weniger amüsant; der König und die Königin von Italien stellten uns freundlicherweise ihre Gondeln zur Verfügung. Meine Eltern wurden niemals müde, die unzähligen Kirchen zu besuchen, welche wir Mädchen damals nicht so zu schätzen wußten wie den Lido und das Baden im Meer. Entzückende Lunchs und Teegesellschaften wurden in Casa Capello gegeben, einem Hause, das Sir Henry Layart gehörte, dem Erforscher des alten Ninive. Er und seine Frau erwiesen uns die größte Gastfreundschaft; ihre Liebe zur Kunst glich derjenigen meiner Eltern, auch hatte er eine ausgezeichnete Sammlung von Bildern, Möbeln und Antiken jeder Art.

Mit einigen Nichten Lady Layarts machten wir verschiedene Ausflüge in der Gondel; dank ihren Lehren bin ich imstande, eine Gondel zu rudern, was nicht so einfach ist, wie es aussieht, aber eine ausgezeichnete Übung bedeutet. Meine Mutter verfertigte während dieser Zeit einige sehr hübsche Skizzen von Venedig in Öl- und Wasserfarben.

Später besuchten wir den König Humbert und die Königin Margherita von Italien in Monza, ihrer Sommerresidenz, einem großen Gebäude mit hohen Zimmern, in dessen Nähe der Marstall mit den schönsten Pferden Italiens lag. Die Majestäten waren mit meinen Eltern sehr befreundet und zu uns Mädchen außerordentlich gütig; der König schenkte mir eines Tages für mein Pony ein Geschirr aus farbigem Leder, das mit Glocken und mit Pelzstücken besetzt war, wie sie die Bauern in Norditalien gebrauchen, auch machte er uns schöne Stücke italienischer Juwelierarbeit zum Geschenk. Das Schicksal wollte ihm nicht wohl: er wurde ermordet.

Mein Vater wohnte der Taufe des gegenwärtigen Königs Viktor Emanuel in Rom bei. Nach der Zeremonie nahm er mit dem für ihn typischen Impuls den kleinen Prinzen auf seine Arme, trat auf den Balkon des Quirinal und zeigte ihn der Volksmenge, die vor dem Palast versammelt war und ihm zujubelte.

Die silberne Hochzeit meiner Eltern war natürlich ein wichtiges Ereignis für uns. Glückwünsche begannen schon am Tage vorher einzulaufen; unzählige Blumenspenden und schöne Geschenke kamen aus allen Teilen des Reiches an. Die Offiziere der Totenkopfhusaren, deren Chef meine Mutter war, schenkten ihr eine Ausrüstung für ihr Lieblingspferd, einen Araber „Ruby", den sie von Lord Napier bekommen hatte, der uns oft in Potsdam besucht. Die Husarenuniform mit der totenkopfgeschmückten Mütze stand meiner Mutter ausgezeichnet; wenn sie an der Spitze ihres Regiments ritt, erregte sie immer die größte Bewunderung.

Berlins Geschenk zur silbernen Hochzeit bestand in einem prachtvoll eingerichteten Speisezimmer und einem herrlichen Service. Adolf Menzel hatte einige der Hauptstücke gezeichnet; das übrige war kopiert worden. Meine Mutter hat es mir als kostbarste Erinnerung hinterlassen. Die Wände des Eßzimmers waren von Professor Hertel mit lebensgroßen Malereien geschmückt worden, die später mein Bruder Wilhelm erbte. Am Abend des Festtages sollte ein großartiger Maskenball für die Aristokratie und die kaiserliche Familie gegeben werden, der aber infolge des plötzlichen Todes des Prinzen Karl von Preußen leider abgesagt werden mußte. Als er endlich stattfinden konnte, fiel er auf das glänzendste aus: die Kostüme waren fast alle echt und gaben ein gutes Bild historischer Trachten aller möglichen Zeiten.

Der Ball wurde im berühmten Weißen Saal des Berliner Schlosses gegeben und mit einer Prozession vor dem Throne eröffnet, auf dem meine Großeltern und Eltern saßen. Meine Schwester und ich gingen mit im Zuge, während meine Schwägerin Auguste Viktoria, in einer Rosenlaube sitzend, gezogen wurde; das ganze stellte eine mittelalterliche Idee vor, die wir mit dem Namen „Minnezug" bezeichneten. Ich nahm an einer Quadrille aus der Zeit der Königin Elisabeth von England teil; beim Tanz bewegte man sich nur langsam; aber ich gestehe, daß ich trotzdem ziemliche Qualen litt, da die Kleider jener Zeit sehr unbequem und schwer waren. Das Menuett, das wir lange vorher geprobt hatten, wurde zum großen Erfolge; mein Partner war Graf Wilhelm Hohenau.

Meine Verlobung mit
Alexander von Battenberg

Kurz vor dem 80. Geburtstag meines Großvaters dirigierte Sir Arthur Sullivan seine „Goldene Legende" im Berliner Opernhaus. Intendant war damals Graf Hülsen Häseler; von seinen beiden Söhnen wurde der eine später Generalintendant in Berlin, der andere Chef des Militärkabinetts. Natürlich besuchten wir alle die Vorstellung, die infolge der entzückenden Musik großen Beifall fand. Wir liebten den Komponisten alle sehr; Kaiser Willhelm schenkte ihm einen aus Elfenbein und Gold bestehenden Taktstock. Graf Radolin, der später Oberzeremonienmeister meiner Eltern wurde, arrangierte ein paar Tage später eine reizende Soiree. Sir Arthur Sullivan wurde ersucht, uns bei einer Dilettantenaufführung und einem Marionettentheater zu helfen. Eine der Marionetten stellte die Figur der Yum Yum aus dem „Mikado" vor. Ich wurde für diese Rolle ausersehen, und er war liebenswürdig genug, mir die besonderen Fächerbewegungen und andere Bühneneffekte zu zeigen. Auch ließ er aus London zwei Kostüme kommen; das eine, weiße Seide mit Gold, das ich damals trug, besitze ich noch und benutze es auch jetzt manchmal als Teagown. Zu der Vorstellung, deren Publikum aus Fürstlichkeiten, Botschaftern und der Hofgesellschaft bestand, war König Eduard VII., damals Prinz of Wales, nach Berlin gekommen; als wir geendigt hatten, nahm er mich bei der Hand und sagte zu Sir Arthur: „Sie täten gut daran, sie für Ihre nächste komische Oper zu engagieren."

Ein weniger freudiges Ereignis trug sich während der Herbstmanöver zu, als eine Menge gekrönter Häupter mit ihren Verwandten nach Homburg vor der Höhe eingeladen waren, unter ihnen der König von Spanien, König Milan von Serbien, der Onkel von Wales, der Kronprinz von Portugal, der Herzog von Cambridge und der Großherzog von Sachsen-Weimar.

Wir waren eine fidele Gesellschaft; eine Fülle von Festlichkeiten und Reitausflügen aller Art unterhielt uns auf das Beste.

Der König von Spanien war die Seele aller dieser Unter-nehmungen und sagte mir, daß er unsere Gesellschaft „*la bande joyeuse*" nenne. Als die Manöver vorüber waren, verließen uns die meisten Gäste; nur die engere Familie blieb noch da, und gerade damals passierte etwas Unangenehmes. Mein Vater hatte als Stellvertreter des alten Kaisers bei der Enthüllung der Germania auf dem Niederwald zugegen zu sein. Wir begaben uns im üblichen Zuge dorthin; im ersten Wagen saßen meine Mutter, meines Vaters Schwester, die Großherzogin von Baden und ich. Als wir auf dem Festplatz ankamen, war einer der hohen Polizeibeamten in größter Aufregung und sagte leise zu meiner Mutter und meiner Tante: „Gott sei Dank, daß alles gut gegangen ist!" Wir hörten dann, daß man folgenden Plan entdeckt hatte: Man wollte alle anwesenden Mitglieder der königlichen Familie in die Luft sprengen, und unser Wagen wäre dabei der erste gewesen. Ich gestehe, daß dieser Vorfall die Festlichkeit bedeutend beeinträchtigte, obgleich das Publikum nichts davon wußte, wie knapp wir dem Unglück entkommen waren.

Am 30. April 1884 wohnte ich in Darmstadt mit meinen Eltern der Hochzeit meiner Cousine, der Nichte meiner Mutter, Viktoria von Hessen, mit dem Prinzen Ludwig von Battenberg bei. Dort traf ich einen Mann, dem ich schon begegnet war; er sollte später die größte Rolle in meinem Leben spielen: Fürst Alexander von Bulgarien, den Bruder Ludwigs und Heinrichs von Battenberg. Meine Tante, Alice von Hessen, die zweite Tochter der Königin Victoria, war im Jahre 1878 zu unserem allergrößten Kummer gestorben. Um die Lücke auszufüllen, welche ihr Tod gerissen hatte, kam die Königin Victoria nach Deutschland, um bei der Konfirmation ihrer Enkelin Irene von Hessen, der Schwester der eben erwähnten Viktoria, zugegen zu sein. Zum ersten Mal nach dem Tode ihres Gatten besuchte die Königin Deutschland. Irene heiratete später, 1888, meinen Bruder, den Prinzen Heinrich.

Ich komme nun zu einem Abschnitte meines Lebens, an den ich mich nur mit Schmerzen erinnere; ich muß aber von ihm sprechen, da er nicht nur für meine Existenz, sondern für ganz Europa wichtig wurde: meine Verlobung mit dem Prinzen Alexander von Battenberg.

Ich habe mich niemals in meinem Leben für Politik interessiert; obwohl alle meine Verwandten, Großmutter und Großvater, wie auch meine Eltern und meine Brüder sich aktiv an der Politik beteiligten, habe ich mich schon von meiner Kindheit an von ihr abgewandt. Aber das Schicksal wollte es, daß ich als ganz unpolitisches Wesen der Mittelpunkt einer großen politischen Affäre wurde, die zu vielen Spannungen in der Familie und in weiteren Kreisen führte.

Ich war noch ganz jung, als die Affäre begann, und obgleich ich ihre Wichtigkeit damals noch nicht einsehen konnte, verstehe ich doch heute gut, wie kompliziert sie war, und wie ich denen nur als Spielball diente, die alle Fäden in den Händen hielten. Fürst Bismarck war meines Großvaters rechte Hand; ich konnte mir ein Deutschland ohne den Fürsten Bismarck nicht vorstellen. Wir Kinder wußten, daß er stark und streng alles leitete; wir fürchteten ihn ein wenig, wie etwas, das im Hintergrund droht, und an das man denkt, wenn es nötig ist.

Dann kam meine Verlobung, und mit ihr brach der Sturm los. Prinz Alexander war der Sohn Alexanders von Hessen; die hessische Familie war eng mit der Unsrigen verbunden, da meine Tante, Prinzeß Alice, hineingeheiratet hatte, ebenso wie später meine Tante Beatrice, während mein Bruder Heinrich, wie erwähnt, sich mit Irene von Hessen vermählte. 1888 entstand während eines Besuches des jungen Prinzen Alexander in Berlin eine große Zuneigung zwischen uns; daraufhin verlobten wir uns mit voller Einwilligung unserer Eltern. Der im Jahre 1857 geborene Prinz hatte bereits eine glänzende militärische Karriere in den Armeen Rußlands, Rumäniens und Preussens hinter sich. Sogar sein Feind Bismarck gab zu, daß er ein gut aussehender Mann und eine Persönlichkeit sei. Er war von gewinnendem Wesen, groß, ernst und sehr populär, - aber was für uns die einfachste Sache unter der Sonne zu sein schien, sollte bald Schwierigkeiten erregen. Die Erlaubnis meiner Eltern und Großeltern zur Heirat war notwendig. Meine Mutter war über die Verlobung beglückt, ebenso wie meine Großmutter, die Königin Victoria; aber mein Großvater, der Kaiser, und Bismarck widersetzten sich ihr aufs schärfste, ebenso wie mein Bruder Wilhelm. Mein Vater war aufrichtig betrübt; er wünschte mich glücklich zu sehen, und wurde zwischen den Gefühlen der Loyalität gegen seinen Vater und seiner natürlichen Freude an der Verlobung hin und her gerissen. Damals lernte ich verstehen, was es heißt, königliche Prinzessin zu sein. Es ist heute noch für mich schwer, offen über diese Dinge zu sprechen; obgleich jede Zurückhaltung meinerseits in diesem Falle verstanden und verziehen werden würde, muß ich doch versuchen, da ich nun einmal meine Memoiren schreibe, über alle Bedenken hinwegzukommen.

Damals und auch noch später litten wir auf das heftigste. Ich konnte nicht verstehen, warum man sich der Heirat so erbarmungslos widersetzte; jahrelang kämpften und hofften wir, jahrelang ging der Kampf weiter und wurde im Verlaufe der Zeit immer leidenschaftlicher geführt. Damals schien es mir eine jener unverständlichen Schicksalsfügungen zu sein, die in Verbindung mit persönlichen Abneigungen ganz unverdient und unlogisch wirken. Wenn ich jetzt zurückblicke, vermag ich zu sehen, daß die Situation vielleicht von größerer Wichtigkeit war; aber wenn ich mich an die Bitterkeit und an das Leiden all dieser Jahre erinnere, so kann ich auch heute nicht die Angelegenheit unpersönlich ansehen und alles vergeben. Ich hoffe also, daß man mir gestatten wird, die Tatsachen so darzustellen, wie ich sie jetzt verstehe und kenne; damals waren mir viele gänzlich unbekannt.

Prinz Alexander von Battenberg war zum Fürsten von Bulgarien berufen worden, nachdem auf dem Balkan viele Unruhen die Gemüter erregt hatten. Rußland hatte sich immer sehr für die bulgarischen Angelegenheiten interessiert und sich die Kontrolle über Bulgarien verschafft. Dann schlug Alexander II. von Rußland im Jahre 1879 den Prinzen Alexander von Battenberg, seinen Neffen, als Anwärter für den bulgarischen Thron vor, und der Prinz wurde gewählt. Nun ergab sich eine peinliche Lage aus der Tatsache, daß Rußland sich für berechtigt hielt, alle bulgarischen Angelegenheiten zu kontrollieren, da es den Fürsten auf seinen Thron gesetzt hatte. Die Minister mußten Russen sein; russischer Einfluß machte sich bei Hof, in der Armee und der Staatsverwaltung überall bemerkbar. Natürlich war dieser Umstand für einen jungen, unabhängigen und stolzen Fürsten unerträglich; 1881 wurde Alexander III. Zar von Rußland. Bald befand er sich mit seinem Vetter Alexander von Bulgarien auf feindlichem Fuße, da der russische Herrscher auf seinem Recht der Kontrolle bestand, während Alexander von Bulgarien eine national-bulgarische Bewegung eingeleitet hatte. Rußland sah Bulgarien als sein gesetzmäßiges Eigentum und seinen Fürsten als einen rebellischen Vasallen an; Bulgarien dagegen machte alle Anstrengungen, um sich von jedem fremden Einfluß zu befreien. Das Resultat war natürlich eine heftige, jahrelang dauernde Abneigung zwischen den beiden Ländern.

Ungefähr in dieser Zeit verlobte ich mich mit dem Fürsten Alexander von Bulgarien; in England betrachtete man unsere Verbindung mit freundlichen Augen, da der Prinz von Wales sie ebenso begünstigte wie seine Mutter, die Königin Victoria. Ich wußte, daß die Königin Alexander sehr gern hatte. Sie war mit ihm zusammengetroffen und hatte ihr Wohlgefallen an ihm ausgesprochen; außerdem stand England nicht gerade auf dem besten Fuße mit Rußland. Schon vor dem Krimkrieg bestand Mißtrauen gegen die östliche Macht, und die russischen Beziehungen blieben stets gespannt. Infolgedessen wurde die Heirat nur vom Standpunkt der diplomatischen Beziehungen betrachtet, und unser Schicksal ganz aus unseren Händen genommen, um den erbarmungslosen Händen der Staatsmänner überantwortet zu werden.

Die Politik Wilhelms I. war, soweit ich sie zu beurteilen imstande bin, in großen Zügen folgende: da Rußland der Ostgrenze Deutschlands nahe lag, wünschte er es nicht zum Feind zu haben; Bismarck und er mußten ihre Aufmerksamkeit zwischen Rußland im Osten und Österreich im Süden teilen. Da diese zwei Länder jeden Augenblick zum Kriege bereit waren, und zwischen Rußland und Bulgarien bereits eine Verstimmung bestand, wollten mein Großvater und Bismarck sich mit Rußland möglichst gut stellen und widersetzten sich daher meiner Heirat auf das heftigste. Inzwischen hatte mein Bräutigam „Sandro" es verstanden, in Bulgarien große Popularität zu erringen; ein anderer Teil des Balkans, Ostrumelien, wurde zu Bulgarien geschlagen, worüber aber Serbien so empört war, daß es, von Österreich ermutigt, Bulgarien den Krieg erklärte. Alexander errang bei Slionitza einen entscheidenden Sieg, und wurde von seinem Volk als Held bejubelt; wegen dieses Erfolges entstand indessen in Rußland und bei anderen Großmächten Beunruhigung, wie ich aus einem Briefe meines Großvaters an Bismarck weiß, in dem er Alexander als Rebellen (gegen Rußland) bezeichnet und sagt: die Stellung des Fürsten von Bulgarien sei so unsicher, daß unsere Heirat nicht vollzogen werden dürfe. Er wolle den Kronprinzen benachrichtigen, daß sie ebensowenig wie früher in Frage käme.

Eine Prinzessin muss dem Vaterland Opfer bringen

Bismarck hatte schon früher zu Alexander gesagt: „Die Heirat ist unmöglich; solange ich Kanzler bin, wird sie nicht stattfinden; Deutschland hat kein Interesse an Bulgarien", - so daß also mein Lebensglück vom Reichskanzler bestimmt wurde! Rußland setzte unkontrollierbare Gerüchte in die Welt, um die Vermählung zu hintertreiben, während England alles versuchte, sie zustande zu bringen. Meine Mutter tat alles dafür, Wilhelm alles dagegen; es ist nicht schwer, sich meine Empfindungen und die schreckliche Stimmung vorzustellen, die in unserer Familie Platz griff.

Während dieser ganzen Zeit war Alexander in seinem Lande nicht untätig; russische Spione und Agenten bemühten sich auf Betreiben des Zaren, seinen Einfluß zu unterminieren. 1886 wurde der Fürst buchstäblich von den Russen entführt; aber daraufhin brach die Volkswut mit so elementarer Kraft los, daß die Russen ihn wieder freilassen mußten. Mein Bräutigam war aber durch alle diese Dinge des Kampfes gegen einen ungleich mächtigeren Gegner überdrüssig geworden und sprach seine Abdankung aus, da er es nicht über sich brachte, einem ihm vorgesetzten Herrscher sklavisch zu schmeicheln. Als Sandro und ich zum letzten Mal zusammen waren, zitierte er die Worte: „Was Gott vereinigt, soll der Mensch nicht trennen" - was in der Tat wahr und zu beherzigen ist!

Man hätte denken sollen, daß unsere Heirat nun bedeutend erleichtert worden wäre; aber es war soviel Bitterkeit erweckt worden, daß eine ruhige Betrachtung der Angelegenheit unmöglich schien. 1886 hatte zwar Wilhelm I. in einem scharfen Brief an den Fürsten geschrieben und sich dem ganzen Projekt widersetzt, aber er war bereits 88 Jahre, während vor uns das Leben lag; wir konnten warten und taten es auch, aber der Sturm brauste um uns weiter. In diesen Jahren war es der einzige Trost für mich, zu wissen, daß meine liebe Mutter die größten Anstrengungen machte, die Heirat durchzusetzen - wie übrigens auch mein Vater, der sie trotz seiner schwierigen Position in ihren Plänen unterstützte.

Bismarck verbiß sich immer heftiger in die Idee, daß die Heirat einen Akt englischer Diplomatie darstelle, der von der Königin Victoria aus antirussischen Tendenzen unterstützt wurde. Bismarck ging so weit, im Falle der Heirat mit seinem Rücktritt zu drohen.

Im Jahre 1888 starb mein Großvater, und mein Vater, der bereits schwer krank war, wurde Kaiser; die Heiratsfrage wurde abermals verschoben. Bismarcks Einfluß war unvermindert stark geblieben und mein armer Vater war machtlos gegen ihn, so gern er mir auch geholfen hätte - denn er gab mir persönlich in Potsdam seine Einwilligung; wie zärtlich wir uns umarmten! Ich glaube, er wollte die Heirat durchsetzen, da er wußte, daß seine Lebensdauer bemessen war; aber wichtige Staatsgeschäfte kamen dazwischen, so daß die Frage wieder in den Hintergrund trat. Nach wenigen Wochen starb mein Vater, und Wilhelm wurde Kaiser - damit war die Heirat ein für alle Mal unmöglich geworden. Ich will meine eigenen Gefühle nicht beschreiben; meine Mutter hat Bismarck sein Verhalten nie vergeben.

Oft hat man mich als „proenglisch" bezeichnet, und die Tatsache, daß meine Schwestern und ich englische Briefe an meinen Vater schrieben, als Mangel an patriotischem Empfinden bezeichnet. England war mir, wie schon gesagt, immer teuer, aber mein Vaterland stand natürlich meinem Herzen immer am nächsten; man vermochte aber nicht immer einzusehen, daß ich eine gute Deutsche sein und doch an einem Lande hängen konnte, das immer freundlich zu mir war und mir viel schöne Erinnerungen geschenkt hat.

Meine Verlobung wurde gelöst, als ich zweiundzwanzig Jahre alt war; - jahrelang hatte sich alles nur um sie gedreht. Nun mußte ich ein ganz neues Leben beginnen und durfte nicht mehr rückwärts blicken. Nur ein Trost war mir geblieben: meine Vermählung war nur dem deutschen Staatsinteresse zum Opfer gefallen, - so hatte ich früh im Leben gelernt, daß eine königliche Prinzessin bereit sein muß, ihr Glück dem Vaterlande zum Opfer zu bringen.

Ich muß nun meinen Blick wieder in frühere Zeiten zurückwenden. Jahrelang hatten wir ein glückliches Leben geführt, genossen die Liebe unserer Eltern und waren eine lustige Kinderschar gewesen. Meine Eltern waren stets tätig und voller Lebenskraft, Eigenschaften, welche wir geerbt haben. Im Jahre 1872 litt mein Vater an einer heftigen Entzündungserkrankung, die einen Winteraufenthalt in Wiesbaden nötig machte, der sich unter immerwährender ärztlicher Behandlung bis zum späten Frühjahr ausdehnte. Zu unserer aller Freude kehrte er nach mehreren Monaten vollkommen wieder hergestellt und fähig, allen seinen Pflichten nachzukommen, zurück. Ich war damals ein kleines Kind, aber ich entsinne mich der allgemeinen Freude gut, mit der er in Potsdam begrüßt wurde.

Die ganzen folgenden Jahre hatten wir keine Ursache, uns über die Gesundheit meines Vaters zu beklagen, bis er plötzlich im Jahre 1886 die Masern bekam, eine Krankheit, die für einen Erwachsenen gefährlich werden kann. Er schien sich indessen vollkommen zu erholen und reiste bald darauf an die Riviera; dort erkältete er sich bei einer Ausfahrt. Von dieser Zeit an ist er niemals wieder ganz gesund gewesen, obgleich er oft vollständig gesund aussah, so daß wir es während der nächsten zwei Jahre kaum glauben konnten, eine ernsthafte Krankheit habe ihn befallen. Ein wenig später stellte sich eine gewisse Schwäche und Heiserkeit der Stimme ein, die wir einer Erkältung oder einer lokalen Indisposition zuschrieben; Anfang 1887 wurde diese Heiserkeit jedoch zum Dauerzustand, so daß wir in Sorge gerieten, obgleich wir sie immer noch den zahlreichen Erkältungen zuschrieben, welche mein Vater in dieser Zeit zu bekommen schien. Die Heiserkeit wurde schlimmer, so daß zuzeiten seine Stimme kaum vernehmbar war. Er war natürlich bei den besten Ärzten in Behandlung; wir waren alle überzeugt, daß die Anzeichen einer Erkrankung bald wieder verschwinden würden. Er hatte keine Schmerzen, fühlte keine Unbequemlichkeit und war bald imstande, seine Pflichten ebenso wie vorher zu erfüllen. Außerdem war er noch immer der schöne starke Mann wie allezeit, ein Mann, der überall die größte Bewunderung erregt hätte, auch wenn er kein Fürst gewesen wäre.

Im Juni dieses Jahres fuhren wir alle zu den Jubiläumsfestlichkeiten meiner Großmutter nach England. Wie gewöhnlich lag die königliche Yacht bereit, um uns überzusetzen, und wir wohnten dann als Gäste im Buckingham-Palast. Mein Vater machte alle Festlichkeiten mit.

Meine Großmutter, Königin Victoria, hatte fünfzig Jahre lang ihr Volk mit einer Güte und Vornehmheit beherrscht, die in seinem Herzen starken Widerhall gefunden hatten. Ich weiß genau, wie gerührt sie über den Jubel ihrer Untertanen war, welche die Straßen zu Hunderten und Tausenden füllten. Die Jubiläumswoche war durch schönes Wetter ausgezeichnet, und am Tage des Dankgottesdienstes, den viele für den größten Festtag hielten, herrschte hellster Sonnenschein. Ein glänzender Zug setzte sich vom Buckingham-Palast aus in Bewegung, an dem Fürsten und Repräsentanten jedes Landes der Welt teilnahmen; ich glaube nicht, daß jemals vorher oder nachher eine solche Versammlung von Fürstlichkeiten zu sehen gewesen ist. Aus Indien waren Fürsten in ihren wundervollen, mit Juwelen besetzten seidenen Gewändern gekommen, Herrscher entlegener Staaten Afrikas und Südamerikas waren anwesend, ebenso wie interessante Gäste gleich der Königin von Hawai.

Meine Schwester Charlotte, Prinzessin Ludwig von Battenberg, Prinzessin Irene von Hessen und ich befanden uns im siebten Wagen des Zuges. Im großen königlichen Staatswagen, dem elften der Reihe nach, saß die Königin mit ihrer ältesten Tochter, meiner Mutter, und der schönen Prinzessin von Wales, einer geborenen Dänin. Die Königin war in Schwarz gekleidet, wie stets seit dem Tode meines Großvaters, des Prinzgemahls; aber zu Ehren ihrer Untertanen trug sie bei dieser Gelegenheit eine weiße Spitzenhaube, die mit Diamanten besetzt war. Auf ihrer Brust glänzte der Hosenbandorden und der Stern von Indien. Die Straßen waren auf das schönste geschmückt; überall sah man bunte Flaggen, Blumengirlanden und Schilder mit der Inschrift „Gott segne die Königin" - ein Wunsch, den auch die Gesichter der Menschen auszudrücken schienen. Auch meine Mutter wurde aufs wärmste begrüßt, da die Engländer immer für ihre Prinzeß Royal große Verehrung fühlten; ich bin indessen überzeugt, daß der Willkomm, welcher meinem Vater zuteil wurde, einer der herzlichsten dieses Tages war. Er trug die weiße Uniform der Kürassiere mit dem Adlerhelm; zu Pferde überragte seine vornehme Gestalt die neben ihm reitenden Fürsten – er sah so schön und imposant aus, ein typischer Ritter aus Märchentagen, so daß die Menge in laute Beifallsrufe ausbrach, wo er vorüberkam. Ich weiß, daß ein solcher Empfang ihn tief bewegte.

In der Westminster-Abtei saß die Königin während des Gottesdienstes auf dem berühmten Krönungsstuhl, auf dem alle englischen Könige gekrönt worden sind. Er war mit Goldstoff bedeckt und stand gegenüber dem Altar. Der Gottesdienst war kurz und sehr eindrucksvoll; eine große Königin dankte für die Jahre, in denen Gott ihr die Stärke geschenkt hatte, über ihr Volk zu herrschen. Nach dem Gottesdienst umarmte meine Großmutter ihre Kinder und nächsten Verwandten - eine schöne und erhebende Szene, die ich nie vergessen werde. Vermutlich wollte sie gerade diesen Teil der Gratulationen ruhig und würdig auf einen Handkuß beschränken; sie war indessen so bewegt, daß sie ihre Lieben von selbst umarmte und küßte. Als der Zug vom Schloß zurückkehrte, war der Jubel vielleicht noch größer als vorher.

Mein Vater ringt mit der tödlichen Krankheit

Im Buckingham-Palast wurde der Lunch serviert; späterhin zogen wir uns in den Blauen Salon zurück, wo die Königin eine Anzahl Geschenke entgegennahm, die für sie bereit standen. Am Abend fand ein prächtiges Bankett für alle Mitglieder der königlichen Familie und die fürstlichen Gäste statt, bei dem der König von Dänemark auf die Gesundheit der Königin trank und der Prince of Wales, für seine Mutter sprechend, das Wohl der anderen Herrscher und Fürstlichkeiten ausbrachte.

Nach der großen Flottenschau in Portsmouth blieben wir alle in Norris Castel bei Osborne, so daß wir meine Großmutter täglich sehen konnten. Wir schlugen unseren Wohnsitz hier auf, weil wir teils die Insel liebten, teils aber auch, weil die Ärzte glaubten, daß das Klima der Gesundheit meines Vaters zuträglich sein würde, da die Milde der Meerluft auf Halsleiden günstig einzuwirken vermag. Vorher waren wir in Norrich gewesen, auf den Höhen südlich von London, da auch dort die Luft gute Wirkung haben sollte; dann wurde uns Schottland wegen seines gesunden Klimas empfohlen, und mein Vater reiste dorthin. In seinen Briefen aus dieser Zeit sprach er oft aus, wieviel besser er sich in der Gebirgsluft fühlte und beruhigte uns über seinen Gesundheitszustand. Später traf er mit uns in Potsdam wieder zusammen; bald darauf reisten wir nach Toblach in Tirol ab und von dort an den Lago Maggiore nach Baveno, wo er in der „Villa Clara" wohnte, die auch der Königin Victoria im Jahre 1879 zum Aufenthaltsort gedient hatte. Es war ein reizendes und bequemes Haus mit einer schönen Aussicht über den See, der zur Villa gehörige Garten enthielt die schönsten Blumen jeder Art und einen Tennisplatz. Eine Menge Gäste besuchten uns, unter ihnen der Generaloberst von Loe, den mein Vater sehr hoch schätzte; er verließ sich oft auf seinen Rat und seine Kenntnisse. Er begleitete uns auf langen Spaziergängen als stets willkommener Freund. Das Leben im Freien in Baveno, das alle Familienmitglieder vereinigte, setzte sich aus Baden, Rudern, Spazierengehen und Tennisspielen in der angenehmsten Weise zusammen. Wolkenlose Tage gingen vorbei, die nur durch die manchmal auftauchende Sorge um meinen Vater getrübt wurden. Wir hofften, beteten, und glaubten endlich, daß alles gut gehen würde, da er selbst immer lustig und guten Mutes war.

Wir hatten ein niedliches, kleines Ruderboot zu unserer Verfügung und machten häufig Ausflüge zu den schönsten Punkten des Sees, wie Pallanza; meine Mutter zeichnete und malte die ganze Zeit, hatte immer das nötige Material bei sich und schuf einige wirklich außerordentlich gute Bilder. Abends wurde auch gesungen; meine Brüder Wilhelm und Heinrich besuchten uns am 18. Oktober zum Geburtstag meines Vaters. Keiner von uns konnte daran denken, daß es sein letzter sein sollte! Die ganze Familie mit Ausnahme meiner Schwester Charlotte fand sich vereinigt; es war ein wunderschöner Tag, an dem sich alle bemühten, meinen Vater mit Singen und Aufführungen zu unterhalten. Ich entsinne mich, wie froh mein Vater war und wie gesund und kräftig er erschien. Mein Bruder Wilhelm bestand darauf, mit uns zu singen, ich begleitete auf dem Klavier ein Lied mit dem Text „Heute gehen wir alle jagen", und da er dieses den ganzen Tag über wiederholte, hatten wir viel Spaß an ihm. Im Rückblick scheint mir dieser friedliche Geburtstag wie die Stille vor dem Sturm; denn der Sturm kam, oder vielmehr der dunkle Schatten, den wir mit jeder Fiber unseres Wesens zu bekämpfen entschlossen waren.

Allmählich flößte uns der Gesundheitszustand meines Vaters doch die größte Sorge ein; nach einer Konferenz der Ärzte wurde ihm geraten, den Winter in San Remo, in der Villa Zirio, zuzubringen, wohin wir denn auch alle fuhren, das heißt meine Eltern, meine beiden unverheirateten Schwestern und ich. Das Klima schien meinem Vater gut zu bekommen, so daß jede Gelegenheit ergriffen wurde, um ihm den Aufenthalt im Freien zu ermöglichen, ihn aufzuheitern und zu zerstreuen. Er wollte, daß wir uns wohlfühlten, und kümmerte sich um unsere Vergnügungen, an denen er sogar manchmal am Abend teilnahm. Wir Kinder, besonders wir drei Schwestern und unsere Mutter verehrten meinen lieben Vater so überalle Maßen, daß wir vielleicht gerade wegen unserer Liebe nicht glauben konnten, daß er wirklich an einer unheilbaren Krankheit litt. Wir hofften auch, als keine Hoffnung mehr war, und versuchten uns selbst zu betrügen, weil sein Schicksal zu grausam schien, um wahr zu sein. Vor allem versuchte meine Mutter mit Anspannung ihrer ganzen Nervenkraft, das Schicksal zu bekämpfen und buchstäblich ihren Gatten vor jedem Verdacht zu bewahren, daß seine Krankheit schlimmen Charakters sein könne.

Wir blieben viele Monate in San Remo; das Erdgeschoß der Villa Zirio enthielt die Räume für meinen Vater und meine Mutter, während Sophie, Margarete und ich den ersten Stock bewohnten. Es war ein stilles und ruhiges Haus, wie geschaffen für meinen Vater. Das blaue Mittelmeer breitete sich gerade vor unseren Fenstern aus, auf der Rückseite erstreckten sich die Gärten mit Palmen und Orangenbäumen und reizenden kleinen Winkeln, in denen man sitzen und träumen konnte. Lange, entzückende Spaziergänge führten über die Hügel durch Olivenpflanzungen und Weinberge; ich wurde niemals müde, die Gegend genau kennen zu lernen. Mein Vater war sehr zufrieden mit San Remo; in unserer Liebe glaubten wir, daß er sich erhole und wieder gesund würde.

Während unseres Aufenthalts erhielten wir Besuche von vielen Verwandten, die wegen meines Vaters Gesundheit sehr besorgt waren; unter ihnen befand sich Onkel „Bertie", der spätere König Eduard VII. von Großbritannien, meine Schwester Charlotte und ihr Gatte, Bernhard von Meiningen, mein Onkel Louis, der Großherzog von Hessen, mit seiner Tochter Irene und mein Bruder Heinrich, der damals bereits mit ihr verlobt war. Die Verlobung war gerade vor unserer Abreise in Berlin gefeiert worden; Heinrich und ich hatten zu dieser Gelegenheit „Urmärker und Picarde" aufgeführt. Nur mit großer Bewegung kann ich daran zurückdenken, da ich mich genau erinnere, daß mein Vater von der Vorstellung sehr belustigt und befriedigt war; es war die letzte, der er beiwohnte, ehe er so krank wurde, daß auch wir Kinder alle Hoffnung aufgeben mußten.

Nach kurzem Aufenthalt in San Remo wurde es klar, daß es meinem lieben Vater nicht besser ging, so daß ein Konsilium führender Ärzte einberufen wurde. Nun wurde nach vielen Tagen qualvoller Erwartung das schlimme Ende erreicht; wir Kinder waren nicht zugegen, als der Urteilsspruch gefällt wurde, da er für jedes von uns zu schwer gewesen wäre - nur meine Mutter blieb; aber auch ihr eiserner Wille konnte ihr Leiden ihrer Umgebung nicht verbergen, als ihr mitgeteilt wurde, daß mein Vater an unheilbarem Leiden litte und nur noch wenige Monate zu leben habe. Sie empfing das Todesurteil in aufrechter Haltung mit aller Würde und Güte, die ihr eigen war; ja, sie bedankte sich bei den Ärzten für alles, was sie getan hatten. Einer oder zwei von ihnen brachen beinahe zusammen. Als wir Kinder zu meinem Vater hineingingen, war er es, der ruhig und heiter uns zu trösten versuchte. Entsetzliche Tage folgten, in denen wir meinen Vater leiden sehen mußten, ohne imstande zu sein, ihm zu helfen; wir konnten nur den Dingen ihren Lauf lassen! Meine arme Mutter war vor Kummer außer sich, hoffte aber trotzdem immer noch und zwang sich zu glauben, daß das Unmögliche eintreten und mein Vater wieder gesund werde. Aber die Tage gingen vorbei, die Heiserkeit verlor sich nicht und die Stimme wurde immer weniger hörbar. Dann wurde ihm das Atmen schwer, da die Kehle sich schloß, so daß eine Operation sich gebieterisch notwendig machte und Professor Bergmann aus Berlin geholt wurde. Meines Vaters Geduld und Mut übertrafen alles: „Lerne leiden, ohne zu klagen" ist ein Wort, das er uns hinterlassen hat. In der Tat litten auch wir mehr, als Worte auszudrücken vermögen. Nach einer kurzen Weile erholte er sich von den Nachwirkungen der Operation, hatte aber nun den Gebrauch seiner Sprache vollkommen verloren und mußte bis zum Ende seines Lebens stumm bleiben. Niemals wieder sollten wir die Stimme hören, die wir so geliebt hatten! Ein neues Leben begann für uns alle, dem er mit der größten Tapferkeit entgegensah. Er konnte spazieren gehen, in der Sonne sitzen, unserer Unterhaltung zuhören - aber alles, was er zu sagen wünschte, mußte er aufschreiben.

Mein todkranker Vater besteigt den Thron

Inzwischen verursachte uns das Befinden meines Großvaters ebenfalls große Sorge. Er hatte seinen 90. Geburtstag gefeiert; seine eiserne Gesundheit begann nun zu wanken. Häufig bekam er Ohnmachtsanfälle, so daß offensichtlich das Ende nicht mehr fern war. So starb mein Großvater, Kaiser Wilhelm I., in Berlin, während sein kranker Sohn sich in San Remo befand, während beide wünschten, beieinander zu sein und beide durch die Grausamkeit der Umstände getrennt waren. Mein Großvater sorgte sich außerordentlich um die Gesundheit meines Vaters und schickte meinen Bruder Wilhelm nach Italien, um die Wahrheit über das Befinden meines Vaters zu erfahren und ihm sofortigen Bericht zu erstatten. Mein Vater freute sich, Wilhelm noch einmal für wenige Tage bei sich zu haben. Wilhelm kehrte zu dem sterbenden Kaiser zurück und wir blieben in San Remo, um unseren lieben Vater zu pflegen. Jedermann war von äußerster Freundlichkeit zu uns; eine gewisse Unannehmlichkeit bildeten die vielen unbekannten Besucher, die ein sonderbares Interesse an unserer Lebensführung bekundeten.

Meinem Großvater teilte man mit, daß es für meinen Vater gefährlich sein dürfte, zu reisen, ehe das Wetter wärmer geworden wäre; sobald dies der Fall wäre, würde mein Vater zu ihm eilen. Nun begann meines Vaters schönes Gesicht Zeichen des Verfalls zu zeigen; eine gelbliche Farbe bedeckte es. Manchmal schien es ihm ein wenig besser zu gehen. Immer war er geduldig und unterzog sich allen Leiden ruhig; er saß viel in der Sonne im Garten und auf dem Balkon, und begrüßte auch von dort aus die Fremden, die sich auf der Straße sammelten, um ihm ihr Mitgefühl auszudrücken.

Bald, es handelte sich nur um Tage, kam die befürchtete Todesnachricht - mein Großvater hatte am 9. März den letzten Atemzug getan. Mein Vater saß im Garten, als ihn die Depesche erreichte, und wurde beinahe ohnmächtig; niemand von uns hat jemals erfahren, wie er in diesem Augenblick fühlte. Sein Vater, den er über alles geliebt und verehrt hatte, war ohne ihn gestorben; er selbst sah den Tod vor sich, war stimmlos und jetzt - Kaiser. Kaiser Friedrich III. Die Bitterkeit und der Hohn dieses Zusammentreffens von Ereignissen war in der Tat überwältigend.

Das erste, was mein Vater tat, nachdem er wieder ins Haus getreten war, bestand darin, daß er seinen Schwarzen Adlerorden nahm und ihn meiner Mutter umhängte. Es war ein Augenblick, den ich niemals vergessen werde: er verlieh seiner geliebten Gattin den höchsten deutschen Orden, den es gab, als ein Symbol dessen, daß sie nun Königin von Preußen und deutsche Kaiserin war.

Mein Vater hielt es für unbedingt notwendig, zum Leichenbegängnis des verstorbenen Kaisers nach Berlin zu fahren und seine Pflichten zu übernehmen, so daß trotz der Beunruhigung, die uns alle erfüllte, da wir in gefährlichem Wetter aus dem sonnigen Süden nach dem Norden fuhren, alle notwendigen Befehle für die Vorbereitungen zur Abreise gegeben wurden.

*

Unsere Heimreise nach Deutschland wurde mit gemischten Empfindungen unternommen. Wir kehrten unter ganz anderen Umständen in unser Vaterland zurück, als die waren, unter denen wir es vor wenigen Monaten verlassen hatten. Alle Größe, welche die kommenden Tage für uns in Bereitschaft haben mochten, konnten wir nur mit schwerem Herzen erwarten, da wir nur zu gut wußten, daß die Lebensfrist des neuen Kaisers karg bemessen war.

Noch ehe der Zug, der uns nach Deutschland zurückbrachte, in Berlin eintraf, fand eine dramatische Begegnung zwischen meinem Vater und dem Fürsten Bismarck statt, der ihm entgegengereist war. Sie umarmten sich; mit tiefer Bewegung sahen die Zuschauer, daß der große Staatsmann, der ein Menschenalter Deutschlands Geschicke gelenkt hatte, seine Ergebenheit dem neuen Herrn, einem stummen Herrscher, zu

Füßen legte. Nach der Begrüßung wurden wichtige aktuelle Fragen besprochen. Ich gebrauche das Wort „besprochen", obgleich mein armer Vater alles, was er zu sagen wünschte, mit Bleistift zu Papier bringen mußte. Wir kamen endlich in Charlottenburg an, wo uns meine Brüder, meine älteste Schwester und ihr Gatte erwarteten. Wir fuhren alle nach dem Charlottenburger Schloß. Die Kälte war groß, überall lag tiefer Schnee.

Das Begräbnis meines Großvaters fand ein paar Tage später statt. Mein Vater blieb in Charlottenburg, da es für ihn zu gefährlich gewesen wäre, sich der Kälte auszusetzen. Meine Mutter und ihre drei Schwestern fuhren nach Berlin, um der Feierlichkeit im Dom beizuwohnen, in dem der Sarg aufgestellt worden war. Stille Menschenmassen drängten sich in den Straßen und brachten ihre Sympathie und Verehrung zu ergreifendem Ausdruck; vom Dom aus setzte sich der Trauerzug nach dem Mausoleum in Bewegung. So schnell es die schneebedeckten Straßen erlaubten, fuhren wir zurück; aber der Schnee war so tief, daß wir einen Umweg machen mußten, um zur Zeit anzukommen. Wir gingen sofort zu meinem Vater, den wir an einem der Fenster seines Zimmers im Schloß fanden, das auf den Park hinausging, so daß er Zeuge sein konnte, wie seines Vaters sterbliche Reste ihrer letzten Ruhestätte zugeführt wurden. Der Augenblick kam: als der Zug sich unten vorbei bewegte, war mein Vater aufs tiefste bewegt.

Kaiser Friedrich behielt seine Residenz im Charlottenburger Schloß bei, da dessen ruhige Lage in dem wunderschönen Park seinem Gesundheitszustand mehr zusagte als die anderen Schlösser. Die Tage, welche der Beisetzung folgten, bedeuteten für meinen Vater eine große Anstrengung, da eine Men-ge Empfänge von gekrönten Häuptern, von Diplomaten und Abordnungen absolviert werden mußten, die zu der feierlichen Gelegenheit nach Berlin gekommen waren. Nun überhäuften sie meinen Vater mit Glückwünschen zu seiner Thronbe-steigung, die er - immer noch eine imponierende Erscheinung, wenn auch sein schönes Gesicht schmal und elend geworden war, - schweigend entgegennahm.

Trotz seines Gesundheitszustandes kam mein Vater den meisten seiner Pflichten nach und veranlaßte alles, was bei Beginn einer neuen Regierung notwendig ist. Etwas Trauriges ereignete sich: der Finanzminister teilte ihm mit, daß die Geldstücke mit dem Bildnis des neuen Kaisers erst in ungefähr zwei Monaten fertig sein würden, worauf mein Vater melancholisch den Kopf schüttelte und wohl im Inneren zweifelte, ob er es noch erleben würde, sie zu sehen. Er sollte Recht haben.

Als das Wetter sich besserte und es wärmer wurde, konnte mein Vater den Garten aufsuchen. Ende März schien eine plötzliche Besserung einzutreten, so daß er Spazierfahrten in seinem Ponywagen unternehmen konnte, bei denen er aber immer von meiner Mutter oder von einer seiner Töchter begleitet war. Er konnte sogar nach Berlin fahren, wo die Menge im wörtlichsten Sinne seinen Wagen stürmte, wenn er durch die Straßen fuhr und ihn mit Blumen überschüttete, besonders mit Veilchen, welche, wie sie wußte, seine Lieblingsblumen waren. Diese Szenen wiederholten sich, so oft er erschien; nach seiner Rückkehr war sein Wagen oft knietief mit Blumen gefüllt. Viele Blumen fanden sich sogar auf seiner Uniform sowie auf seiner Militärmütze. Er war jedes Mal auf das tiefste gerührt.

Obgleich möglichst wenig offizielle Empfänge abgehalten wurden, war einer doch unbedingt notwendig, und zwar die Trauercour, bei der die ganze Berliner Gesellschaft erscheinen und vor dem Thron vorüberziehen mußte. Da mein Vater nicht imstande war, der Zeremonie beizuwohnen, mußte ihn meine Mutter vertreten. Bei dieser Cour mußte alles tiefe Trauer und die Damen schwere, schwarze Schleier tragen.

Natürlich erlebten wir während der Regierung meines Vaters nur wenig Freude. Wir mußten mit überströmendem Herzen den Mut und die Würde bewundern. Seine Untertanen und die Mitglieder seiner Familie begriffen die Tragik der Situation und des Leidens, das er erduldete, während er freundlich lächelte und gütig den wohlgedrechselten Sätzen der Höflinge und Diplomaten zuhörte, obwohl er nicht sprechen konnte.

Man muß sich einen solchen, der Sprache beraubten Kaiser mit einem Kabinett vorstellen, in dem die Heuchler nicht vollkommen fehlten und Streber keine unbedeutende Rolle spielten.

Meines Vaters Tapferkeit war außerordentlich. Jeden Tag verbrachte er mehrere Stunden mit Staatsgeschäften, las Berichte und besprach mit dem Fürsten Bismarck politische Fragen. In der Armee führte er einige Änderungen ein, faßte Pläne für Neubauten und tat, was er konnte, zur Förderung liberaler Ideen.

Mein letzter Geburtstag zu Lebzeiten meines Vaters fiel in seine Regierungszeit (12. April). Mein Vater drückte den Wunsch aus, daß ich mit ihm in seinem Zimmer lunchen sollte, was mich über alle Maßen freute. Meine Überraschung war groß, als ich aus seinen eigenen lieben Händen ein wundervolles Diamantenhalsband empfing, das immer noch eins meiner wertvollsten Besitztümer bildet.

Ein Besuch der Königin Victoria und ihrer Tochter, meiner Tante Beatrice, und Prinz Heinrich von Battenberg erhellten diese dunklen Tage. Die Gäste wurden von uns Kindern zuerst begrüßt und mit nach Charlottenburg genommen, wo sie meine Mutter trafen. Die Begegnung zwischen der Königin und meinem Vater erfüllte alle mit tiefster Rührung. Unsere Gäste wohnten in einem Flügel des Schlosses, den meine Mutter für sie auf das prächtigste hergerichtet hatte. Am Abend ihrer Ankunft fand ein Diner statt, auf dem sie die hervorragendsten Persönlichkeiten Deutschlands, mit Fürst Bismarck an ihrer Spitze, trafen. Die Königin nahm offenbar das größte Interesse an dem Fürsten und sprach mit ihm. Der Besuch schien die beste Wirkung auf meinen Vater auszuüben, der sich sichtlich erholte und uns neue Hoffnung einflößte. Mein Vater war froh darüber, seine Schwiegermutter bei sich zu haben, die oft, wenn er zu unwohl war, um aufzustehen, an seinem Bett saß und mit ihm sprach. Sie verstanden sich gut und schätzten ihre staatsmännischen Ansichten gegenseitig hoch. Auch für meine Mutter bedeutete dieser Besuch außerordentlich viel, da sie glücklich war, in den Zeiten tiefster Trauer ihre

Mutter und Schwester wiederzusehen. Zu mir war meine Großmutter stets die Güte selbst; ich saß oft mit ihr zusammen, während wir meine Zukunft besprachen. Da die Königin sich für die Armee interessierte, wünschte mein Vater ihr zwei Regimenter auf dem Paradeplatz in Charlottenburg vorzuführen. Sie war von dem Anblick sehr befriedigt und fand die Revue außerordentlich interessant. Sie fuhr mit meiner Mutter in einem vierspännigen Wagen die Front ab, und nahm den Salut der Regimenter entgegen; die schönen Uniformen, die Disziplin der Truppen usw. gefielen ihr auf das Beste.

KAISER FRIEDRICH TOT

Endlich aber kam der Tag der Abreise unserer englischen Großmutter. Die Königin stand am Bett des deutschen Kaisers und sagte ihm in meiner Gegenwart für immer Lebewohl. Mein Vater wußte, daß er sterben müsse und keine irdische Macht ihn retten könne. Ich entsinne mich gut, daß meine liebe Großmutter Gottes Hilfe für seine Rettung anrief. Der Abschied dieser beiden gekrönten Häupter war der erschütterndste Moment meines Lebens, vielleicht mit Ausnahme des Todes meiner Eltern und meines Gatten.

Im Mai schien der Kaiser wieder kräftiger und besuchte zur Freude seines Volkes wiederum Berlin. Am 24. dieses Monats wurde die Hochzeit meines Bruders Heinrich mit der Prinzessin Irene von Hessen-Darmstadt gefeiert, über deren Verlobung ich schon gesprochen habe. Der Gottesdienst fand im Schloß von Charlottenburg statt, wo sich viele Familienmitglieder mit Einschluß des Brautvaters, des Prinzen von Wales, Ellas und Sergius von Rußland und unserer Großmutter, der alten Kaiserin Augusta, versammelt hatten. Da es das erste offizielle Ereignis war, dem sie seit dem Tode ihres Gatten beiwohnte, trug sie natürlich tiefe Witwentrauer. Es war bezeichnend für ihre Charakterstärke, daß sie ihren Kummer beiseite ließ und dem Glück ihrer Enkelkinder zusehen wollte. Leider war sie infolge ihrer Krankheit nicht imstande, zu gehen, und mußte im Rollstuhl gefahren werden. Die ganze Versammlung war infolge der Gegenwart meines Vaters auf das tiefste bewegt. Er kam zum Gottesdienst in die Kapelle. Während des Ringwechsels und der Einsegnung des Brautpaares blieb er aufrecht stehen, obgleich seine Schwäche allen sichtbar war. Es ist unmöglich, die traurige Stimmung zu beschreiben, die trotz dem freudigen Anlaß in der Kapelle herrschte. Als wir sie verließen, wurde auf der Orgel Händels Largo gespielt, ein Stück, das mein Vater sehr schätzte und sich besonders bei dieser Gelegenheit gewünscht hatte.

Trotz seines Gesundheitszustandes arbeitete mein Vater auf das Eifrigste; als er indessen fühlte, daß seine Kräfte nachließen, hatte er den dringenden Wunsch, von Charlottenburg nach seinem geliebten Neuen Palais in Potsdam zu ziehen, wo er geboren war und die glücklichsten Tage seines Lebens verbracht hatte. Da nun der Sommer kam, wurde der Umzug unternommen.

Bevor wir uns auf den Weg machten, führte mein Bruder Wilhelm dem Kaiser einige der Regimenter im Park vor. Er war auf das Tiefste bewegt und erfreut über den Vorbeimarsch seiner Truppen. Es war die einzige Parade, die mein Vater jemals abgenommen hat. Da eine Eisenbahnfahrt nach Potsdam für meinen Vater zu anstrengend und die Straße für eine Wagenfahrt zu staubig gewesen wäre, wurde beschlossen, meinen Vater zu Wasser auf der Dampfyacht „Alexandra" nach Potsdam zu bringen, die von der königlichen Familie oft zu solchen Zwecken benutzt wurde. Diese kleine Wasserfahrt weckte in ihm alte Erinnerungen, da er viele glückliche Stunden an den Ufern der Havel verbracht hatte und viele Stellen ihn an vergangene Zeiten erinnerten. Besonders deutlich waren die mit der Pfaueninsel verbundenen Erinnerungen. Meine Schwester Margarete und ich ritten den ganzen Weg von Charlottenburg zum Neuen Palais.

Wir waren alle äußerst froh, in unserem lieben alten Heim zurück zu sein, welches das Neue Palais wirklich für uns war. Meines Vaters Freude und Befriedigung waren rührend; bei dem wundervollen Wetter schien der Park von Sanssouci mit seinem Blumenreichtum unseren Augen ein Hafen himmlischster Ruhe zu sein.

Leider sollte sich mein Vater nicht lange der stillen Ruhe in „Friedrichskron" erfreuen, diesen Namen hatte er dem Neuen Palais gegeben. Sein Leiden nahm zu, so daß wir täglich den Verfall seiner Kräfte beobachten konnten Anfang. Juni besuchte ihn sein alter Freund, König Oskar von Schweden. Unsere Tage waren voller Furcht und Angst. Wir konnten keine Ruhe finden, während unser geliebter Vater seine letzten Stunden unter so unmenschlichen Qualen durchkämpfen mußte - die

Furchtbarkeit dieser Zeit ist unbeschreiblich. Der 14. Juni war meiner Schwester Sophie 18. Geburtstag; mein Vater schrieb auf ein Stück Papier, daß er wünschte, wir sollten auf die Pfaueninsel gehen und dort den Tag mit Sophie fröhlich feiern. Keins von uns konnte den Gedanken ertragen fortzugehen, so daß wir meinem Vater sagten, daß alle, auch das Geburtstagskind, es vorziehen würden, bei ihm zu bleiben, wenn er nichts dagegen habe. Und er erlaubte uns, zu bleiben.

Schon seit einigen Stunden war er nicht mehr fähig gewesen, Nahrung zu sich zu nehmen; am Abend wurde es noch schlimmer. Meine Mutter und ich konnten es nicht über uns gewinnen, ihn allein zu lassen; so beschlossen wir, die Nacht über im Salon neben seinem Schlafzimmer zu wachen. Als ich den größten Teil der Nacht mit meiner Mutter aufgesessen hatte, bat sie mich, ein wenig zu ruhen. Widerwillig folgte ich ihr; aber ich war kaum eine Minute in meinem Schlafzimmer, als an die Tür geklopft wurde, und meine Mutter mich dringend bat, sofort zurückzukommen. Ich eilte sogleich, von Furcht geschüttelt, zu ihr. Wir mußten sehr vorsichtig sein, um unseren lieben Patienten nicht zu stören, der uns schon Zeichen machte, um zu fragen, warum wir nicht ins Bett gegangen wären. Etwa um sechs Uhr morgens bemerkten wir, daß das Ende nahe war. Ich gab meinem Vater ein wenig Apfelsinensaft; es schien ihn zu erfrischen. Meine Mutter trug mir auf, meinen Bruder Wilhelm zu holen, der zu Bett lag und für die Nacht im Schloß geblieben war; als ich mit ihm zurückkehrte, hatte sich die übrige Familie um das Sterbebett versammelt.

Was wir geahnt und gefürchtet hatten, kam nun zu schnell. Mein Vater versuchte ein paar liebe Worte für uns aufzuschreiben; aber die Anstrengung war zu groß. Er wurde im Bett aufgerichtet und sah uns mit tiefer Zärtlichkeit mit seinen wundervollen blauen Augen an; er schien uns alle zu segnen.

Sein Tod war voller Frieden; der vornehmste, nie zu ersetzende, unvergeßliche Herrscher und beste Vater war von uns genommen und hatte seine Augen für immer geschlossen. Die Grausamkeit des Schicksals war für uns zerschmetternd.

Ich kann unmöglich die herzzerreißenden Szenen schildern, welche folgten. Einer der Kammerdiener, der ihm Luft zugefächelt hatte (Schulz, Werner und Viecke hatten sich darin abgewechselt) warf, als er sah, daß sein geliebter Herrscher gestorben war, den Fächer fort und stürzte aus dem Zimmer, während die Tränen über sein Gesicht flossen. Tiefste Stille herrschte im Zimmer, die nur von konvulsivischem Schluchzen unterbrochen wurde. Meine Mutter, deren eiserne Willenskraft erstaunlich gewesen war, brach nun vollkommen zusammen. Wir drei Schwestern verbrachten die folgende Nacht in ihrem Schlafzimmer, da wir nicht wagten, sie allein zu lassen.

Nach mehreren Tagen fand die Trauerfeier in der Friedenskirche statt. Später wurde mein Vater in das schöne Mausoleum überführt, das meine Mutter erbaut hatte - jetzt ruht sie dort an seiner Seite. Er war 66 Jahre, als er starb.

*

Nun wurde mein Bruder Wilhelm Kaiser. Er war sich der Pflichten, die ihn erwarteten, voll bewußt. Meine Mutter und wir Schwestern blieben in unserem geliebten Friedrichskron, mußten aber das Schloß in wenigen Wochen aufgeben und uns an einen anderen Platz zurückziehen.

Traurige und sorgenvolle Tage folgten; dann verlobte sich meine Schwester Sophie mit dem Kronprinzen von Griechenland, eine Tatsache, die auf meine Mutter wie ein Sonnenstrahl wirkte, da der Kronprinz ungewöhnlich reizend war und die jungen Leute die größte Liebe zueinander empfanden. Es war eine vollkommene Liebesheirat.

Kurz nach Bekanntgabe der Verlobung wurden wir nach Kopenhagen eingeladen, wo meiner Schwester Gelegenheit gegeben werden sollte, die Verwandten ihres Bräutigams kennenzulernen. Eine große, aber intime Familienversammlung schloß eine Anzahl gekrönter und zukünftiger gekrönter Häupter Europas ein. Zar Alexander III. und seine Gattin, meine Tante Alix, später Königin Alexandra von England, der König und die Königin von Griechenland mit ihren Kindern, unter ihnen natürlich der Kronprinz Konstantin, waren erschienen, ebenso wie die dänische Königsfamilie, die Eltern der Prinzessin von Wales, die damals beide noch lebten.

Ich möchte hier ein Wort zur Erklärung über die dänische Königsfamilie einschalten. Dänemark war durch Heirat auf das Engste mit den wichtigsten Ländern Europas verbunden. Christian IX. von Dänemark herrschte von 1863 bis 1906. Seine älteste Tochter, Prinzessin Alexandra, hatte 1863 meinen Onkel Eduard, den Prinzen von Wales, geheiratet. Prinz Wilhelm von Dänemark, der zweite Sohn des Königs, war im Jahre 1863 König der Hellenen unter dem Namen Georg I. geworden und hatte die Großfürstin Olga von Rußland geheiratet, so daß der Bräutigam meiner Schwester der Sohn eines dänischen Vaters und einer russischen Mutter war. Die Prinzessin Marie Dagmar, Tochter Christians von Dänemark, hatte Alexander III. von Rußland geheiratet. So waren die britischen, deutschen, russischen und griechischen Herrscherfamilien alle durch Heirat auf das engste mit der dänischen Königsfamilie verbunden. Wir blieben nur kurze Zeit in Kopenhagen; aber der Besuch brachte uns viel Angenehmes und eine stille, friedliche Zeit, die meiner Mutter sehr gut tat, obgleich sie meinen lieben Vater keinen Augenblick vergessen konnte. Tante Alix war besonders freundlich zu mir und lud mich häufig später ein, sie in Sandringham zu besuchen. Aufenthalte, die mir immer das größte Vergnügen bereiteten; denn das reizende Wesen meiner Wirtin, zu der sich die einfache Vornehmheit eines englischen Haushalts gesellte, war ein willkommener Wechsel nach der strengen Etikette und dem formellen Gehaben des preußischen Hofes.

Im Oktober 1889 fand Sophies Heirat mit dem Kronprinzen Konstantin in der griechischen Hauptstadt statt. Eine ganze Gesellschaft, segelten wir auf einem schönen Dampfer, der uns zur Verfügung gestellt worden war, nach Griechenland. Die Kabinen waren äußerst bequem und luxuriös eingerichtet, alles war geschehen, um zu unserem Wohlbefinden beizutragen. Wir waren eine lustige Gesellschaft und in bester Laune, so daß uns alles und jedes gefiel. Ich erinnere mich an einen amüsanten Zwischenfall an Bord. Baron Hugo Reischach,

Mamas Haushofmeister, hatte Lackstiefel, auf die er sehr stolz war; er trug sie bei besonderen Gelegenheiten - sie waren dann immer besonders schön und glänzend, ohne einen Riß zu zeigen, hergerichtet. Wahrscheinlich machte ihre glänzende Oberfläche sie so außerordentlich anziehend, denn bald schienen die Ratten sie entdeckt und gut gefunden zu haben; kurze Zelt später boten sie einen betrüblichen Anblick dar. Der Baron war über diesen Angriff auf seine geliebten Stiefel sehr traurig; aber ich fürchte, daß ihm statt Mitgefühl nur erbarmungsloser Spott von der ganzen Gesellschaft zuteil wurde.

Zur Hochzeit meiner Schwester fuhr ich nach Griechenland

Bei unserer Ankunft in Griechenland wurden im Piräus und im Phaloron glänzende und enthusiastische Empfänge für uns gehalten; in Athen selbst hatte sich die Bevölkerung, teilweise in ihren malerischen Nationalkostümen, in großer Menge zu unserer Begrüßung eingefunden. Die Leute waren von überall her in die Hauptstadt geeilt, um die Hochzeit ihres Kronprinzen zu sehen; sie boten ein höchst anziehendes Bild, das sich von dem uns gewohnten in nördlichen Gegenden scharf unterschied; denn hier bildete die berühmte Akropolis von Athen und das hellblaue Wasser des Ägäischen Meeres in der Ferne den Hintergrund, während sich ein strahlender Himmel über die ganzen Szenen wölbte. Ich war entzückt, in der Heimat der klassischen Athener zu fein, da mir die alten Griechen Muster von Schönheit und Klugheit zu sein schienen. Da ich immer am Leben im Freien und am Sport jeder Art Interesse gehabt habe, konnte ich die Hellenen der alten Zeit nur als fehlerlose Vorbilder für alle späteren Generationen betrachten.

Auch bei dieser Hochzeit hatte sich ein großer Teil unserer Familie versammelt, so meine Brüder, meine Schwester Charlotte, meine Schwägerinnen, der Prinz von Wales, Tante Alix und Prinz Nikolaus, im Familienkreis als „Nicky" bekannt, der spätere Zar Nikolaus II. von Rußland.

Die Hochzeit fand an einem außerordentlich heißen Tage statt. Im glühenden Sonnenschein fuhren wir in offenem Wagen zur Kirche, wobei wir unsere Diademe und die schweren Hofschleppen tragen mußten. Natürlich litten wir außerordentlich unter dieser Sonne, die uns beinahe die Haut verbrannte; da wir aber Königliche Hoheiten waren, mußten wir lächeln, während Hunderte von Menschen von allen Balkonen herab uns mit Konfetti überschütteten. Ich hasse Konfetti und besonders unter solchen Umständen! Ich brauche natürlich nicht zu sagen, daß wir die Begeisterung und die stürmischen Kundgebungen des Volkes, für das der Hochzeitstag ein allgemeines

Freudenfest bedeutete, auf das Höchste zu schätzen wußten. In meinem Wagen saß mein Vetter Eddie, Herzog von Clarence, Sohn des Prinzen von Wales. Er war zwei Jahre jünger als ich; die Gleichheit des Alters und das gegenseitige Verstehen, das zwischen uns herrschte, hatte uns zu guten Freunden gemacht. Ich war immer gern mit ihm zusammen, da ich ihn ungewöhnlich nett fand (er starb plötzlich im Januar 1892 im Alter von 24 Jahren). Die Hochzeitsfeierlichkeiten in der Kirche waren sehr schön, aber entsetzlich lang. Eine Menge Formalitäten mußten erfüllt werden, die zuerst interessant schienen, aber mit der Zeit sehr langweilig wurden. Die Hitze war so groß, daß die Kerzen, deren eine große Menge brannten, zu schmelzen und sich zu neigen begannen. Unglücklicherweise fiel das geschmolzene Wachs häufig auf die Schultern der Damen - was recht schmerzhaft gewesen sein muß, aber von ihnen, unter dem Einfluß der Hofetikette, ohne zu zucken, ertragen wurde. Ich konnte einige Herren sehen, die hinter den unglücklichen Paaren stehend versuchten, das Wachs von ihren Schultern abzunehmen - ein ganz lustiger Anblick.

Viele offizielle Festlichkeiten folgten der Hochzeit, unter ihnen der große Hofball, der sehr originell und interessant war, da viele Bauern in Nationaltracht (einige trugen die großen, merkwürdig aussehenden Strohhüte) sich die Nacht über in Athen amüsierten und tatsächlich zum Teil am Hofball teilnahmen.

Wir waren sehr gern am griechischen Hof, da die Schwiegereltern meiner Schwester sehr freundlich zu uns waren und wir unseren Aufenthalt außerordentlich geniessen konnten. Sophie, die als Braut entzückend ausgesehen hatte, schien selig zu sein, so daß wir mit Vergnügen ihr außerordentliches Glück bemerkten, das sie an der Seite ihres Gatten empfand. Als unser Besuch zu Ende war, empfanden wir den Schmerz, uns von unserer Schwester trennen und sie in einem so weit entfernten Land zurücklassen zu müssen; immerhin tröstete uns der Gedanke an ihr Glück ein wenig. Wir selbst verließen Athen nur ungern, da wir in der wunderschönen Stadt so viel Herrliches erlebt hatten. Unser Empfang war wahrhaft königlich gewesen.

Die einzigen Mitglieder unserer großen Familie, die nun zusammenlebten, waren meine Mutter, ich, damals 23 Jahre alt, und meine jüngste Schwester Margarete, die 17 Jahre zählte. Einige Wochen des Winters 1889 verbrachten wir in Neapel und machten einen Ausflug auf den Vesuv in der berühmten Drahtseilbahn. Wir fanden es sehr aufregend, nahe am Krater entlang zu klettern und den Boden unter unseren Füßen zittern zu fühlen - eine der vielen Sensationen meines Lebens. Wir brachten es fertig, trotz des Schwefeldampfes, der uns beinahe erstickte, ganz nahe an den Krater heranzukommen; der Abstieg, der dann folgte, war höchst schwierig und ruinös für Schuhe. Die Lava zerstörte sie vollkommen.

Im Januar fuhren wir nach Rom. Meine Mutter und die schöne Königin Margherita waren lange die besten Freundinnen gewesen; die Königin hatte bei meiner Schwester Margarete Pate gestanden. Der Sohn des Herrscherpaares, der gegenwärtige König Viktor Emanuel III., war als Kind von schwächlicher Gesundheit, wuchs aber infolge der außerordentlichen Sorgfalt seiner Mutter zu einem gesunden und kräftigen Manne heran. Er war oft in Deutschland; und auch wir freuten uns immer, wenn wir in Italien waren, außerordentlich darauf, unsere Freundschaft mit der dortigen Königsfamilie zu erneuern.

Mitten während dieses Besuches kam ein Telegramm aus Berlin: Meine Großmutter, die Kaiserin Augusta, war gestorben. Die Trauerfälle in unserer Familie hatten sich in letzter Zeit gehäuft. Meine Großmutter hatte ein reiches und nicht leichtes Leben geführt, hatte viel Sorge und Kummer erlebt, da sie von ihrer Jugend an in die Wirrnisse der Kriege gezogen worden war. Immer hatte sie sich nach einer Zeit gesehnt, in der ein unbedrohter Friede herrschen würde; immer war sie ruhig, ernst, würdig und voller Einfachheit in ihrer Lebensführung gewesen. Eine Hoheit lag über ihr, die auf jeden, der sie sah, tiefen Eindruck machte. „Ich habe nur einen Wunsch", sagte sie einmal, „und der ist, daß nach meinem Tode die Menschen sagen, daß ich eine gute Frau gewesen bin." Das Kronprinzenpalais in Berlin blieb ebenso wie das Schloß in

Homburg vor der Höhe zur Verfügung meiner Mutter. Anfang Mai ließen wir uns in Homburg nieder, während mein Bruder und seine Familie ihre Residenz in Potsdam aufschlugen. Wir waren oft vorher in Homburg gewesen und hatten es gern. Aber natürlich konnte es uns das alte Heim in Friedrichskron nicht ersetzen; das Schloß hatte übrigens wieder seinen früheren Namen: „Neues Palais" annehmen müssen.

Das neue Heim meiner Mutter lag in Kronberg; sie hatte sich dort das Schloß Friedrichshof gebaut, das ein wenig von Homburg entfernt lag, aber leicht im Wagen zu erreichen war. Dieses ihr vorbildliches Heim bildete den Mittel- und Treffpunkt für die ganze Familie; es schien beinahe so, als ob sich die ganze Welt dort versammeln wollte.

Homburg selbst ist eine merkwürdige, altmodische Stadt mit gepflasterten Straßen und hellen, hübschen Ziegeldächern. Sie wurde vom königlichen Schloß mit seinen stillen Höfen und rauschenden Fontänen beherrscht; nicht weit von ihr entfernt erstrecken sich die Höhen des Taunus, die zur Schönheit der malerischen Stadt noch beitragen. Alles war sehr still und ruhig, das Land ringsumher ganz reizend.

Wir lebten in Homburg zurückgezogen; die Regelmäßigkeit unseres Daseins wurde nur durch die immer willkommenen Besuche von Freunden und Verwandten unterbrochen.

Ich hatte oft das Vergnügen, meine Schwester Charlotte in Meiningen und dem nahegelegenen Bad Liebenstein zu besuchen. Sie war sechs Jahre älter als ich, so daß ich ihr immer noch als die jüngere Schwester erschien, die verwöhnt werden mußte. Sie war immer gütig zu mir; die Besuche, welche ich ihr abstattete, verliefen stets vergnügt und interessant. Sie hatte eine Tochter, die von den Eltern ganz besonders geliebt wurde. Charlotte und ihr Gatte Bernhard hatten ihr Schloß ganz besonders schön und auf künstlerische Weise eingerichtet; da meine Schwester eine geschickte und entzückende Wirtin war, fanden die Gesellschaften im Schloß immer den größten Beifall. Sie war die geborene Hausfrau, nahm aber nach dem Beispiel meiner Mutter an allem Interesse, was dem Lande nützlich sein konnte; damals gründete sie ein Blindenheim. Sie war infolge ihrer großen Güte sehr populär. Meine Schwester hatte eine reizende Villa in Cannes, wo sie stets den Winter verbrachte. Einmal blieb ich einige Wochen bei ihnen und genoß die außerordentliche Schönheit der Landschaft und den Reichtum an Blumen; einige Male fuhren wir nach Monte Carlo, um die Spielsäle anzusehen. Herr und Frau W. K. Vanderbilts prachtvolle Yacht lag im Hafen vor Anker, und wir wurden in freundlichster Weise zum Diner an Bord eingeladen. Die Einrichtung des Schiffes gefiel mir ebenso wie die ungewöhnlich liebenswürdige Aufnahme, die wir fanden.

Im Jahre 1890 bekam meine Schwester Sophie einen Sohn, der später König von Griechenland wurde. Wir waren mit meiner Mutter gerade während dieser Zeit in England, kürzten aber den Besuch ab, um nach Griechenland zu reisen. Wir fuhren auf dem englischen Kriegsschiff „Surprise" und begaben uns nach Tatoi, der Sommerresidenz der königlich griechischen Familie. Die Hitze war ungewöhnlich stark, wie immer, wenn wir in Griechenland waren. Einige Zeit lang lebten wir wegen meiner Schwester in Sorge, sie erholte sich aber bald, und die Freude über den Sohn und Erben war allgemein. Die Tauffeierlichkeiten fanden in Athen statt; ich kann die unsägliche Hitze dieses Tages nicht vergessen. Sie hielt mich nachts vom Schlafen ab, so daß ich viele Stunden in leichtester Kleidung auf dem Balkon saß und süße grüne Feigen verzehrte.

Wir blieben einige Wochen, und freuten uns des glücklichen Familienbeisammenseins. Die Rückfahrt fand wieder auf der „Surprise" statt; wir hatten eine schöne Überfahrt, auf der wir Tunis und das alte Karthago besuchten. Von dort aus kreuzten wir über die blauen Wasser des Adriatischen Meeres nach dem hübschen Hafen von Cattaro, wo wir die Gelegenheit benutzten, um Montenegro einen Besuch abzustatten, einem wilden, schönen Lande, das sich unter seinem begabten und geliebten Fürsten langer Friedensjahre erfreute. Von Montenegro aus fuhren wir nach Venedig, von wo wir nach einem bezaubernden Aufenthalt nach Deutschland zurückkehrten.

Ich hatte das Glück gefunden

Meine Mutter beschäftigte sich jetzt auf das intensivste mit dem Bau ihres neuen Hauses, das in der Nähe von Kronberg, im Taunus, liegen sollte. Mit der größten Geduld, Ausdauer und architektonischer Kenntnis gelang es ihr, das schönste Landhaus der Welt zu erbauen. Alle ihre künstlerischen Fähigkeiten und ihr scharfer, kritischer Verstand wurden zusammengerafft, um ein wirklich entzückendes Heim zu schaffen, das meine Mutter zur Erinnerung an meinen Vater Friedrichshof nannte; sie tut ihr möglichstes, um es des Mannes würdig sein zu lassen, dessen Namen es verewigen sollte. Geheimrat von Ihne war der Baumeister meiner Mutter, während ihr Haushofmeister, Graf Seckendorff, sie in allen Fragen der Kunst unterstützte, in denen er als Experte geschätzt wurde. Das Resultat dieser mit so viel Liebe unternommenen Arbeit ist ein außergewöhnlich herrliches Schloß, das in einem Park liegt und von prächtigen Rosengärten umgeben ist, für die meine Mutter selbst sorgte. Treibhäuser und Stallungen lagen in einiger Entfernung; die Pläne auch dieser Gebäude entstanden unter der persönlichen Aufsicht meiner Mutter. Die Behaglichkeit und der Charme der Inneneinrichtung waren unvergleichlich; in verschiedenen Zimmern hingen bedeutende Kunstwerke; das Ganze bedeutet ein schönes Gedächtnismal für meinen Vater.

In Seegenhaus bei Neuwied, der Residenz der Prinzessin von Wied, Mutter der berühmten Königin Carmen Sylva von Rumänien, traf ich zum ersten Mal den Prinzen Adolf zu Schaumburg-Lippe. Der Prinz hielt um meine Hand an, und ich willigte ein. Aber eines Tages, als wir beide im Salon meiner Mutter in Homburg saßen, teilte Adolf meiner Mutter die Neuigkeit mit; sie gratulierte uns und benachrichtigte meinen Bruder Wilhelm. Er sandte uns telegraphisch seine besten Wünsche. Adolf war damals Leutnant bei den Bonner Husaren: er war im Jahre 1859 als jüngerer Sohn des regierenden Fürsten zu Schaumburg-Lippe geboren worden. Nach unserer Verlobung nahm er so oft wie möglich Urlaub, um mich zu besuchen und auf meinem täglichen Ausritt zu begleiten.

Das Leben zeigte nun ein freundlicheres Gesicht, und wir verbrachten glückliche Tage. Im Juli fuhren wir nach Berlin, wo mein Verlobter meinem Bruder und meiner Schwägerin vorgestellt wurde. Ich erinnere mich, daß der Kaiser sagte: „Er ist ein famoser Kerl", eine Bemerkung, die mir viel Spaß machte.

Im selben Jahre, 1890, statteten wir einen Besuch in Windsor ab, damit Adolf auch meiner Großmutter vorgestellt werden konnte. Die Königin Victoria war sehr freundlich zu ihm und begrüßte ihn herzlich im Familienkreise; ich war natürlich sehr stolz. Dieser Besuch in England war nur kurz, da meine Mutter, meine Schwester Margarete und ich zu der schon beschriebenen Reise nach Griechenland aufbrechen mußten. Adolf kehrte nach Deutschland zurück, traf uns aber später in Venedig; da aber unsere Hochzeit auf den 19. November festgesetzt war, mußten wir zurückkehren, um so bald wie möglich mit den Vorbereitungen zu beginnen.

Jedes Mädchens Zeit ist vor ihrer Hochzeit mit einer Menge wichtiger und unwichtiger Dinge ausgefüllt; ich machte keine Ausnahme von dieser Regel. Vielleicht hatte ich als königliche Prinzessin noch mehr als andere mit den verschiedenen Arrangements, mit dem Aussuchen des Trousseaus und vielen Anproben für meine Kleider zu tun. Dann kam die Aufregung über die Hochzeitsgeschenke; sie waren wirklich prachtvoll und kamen aus den verschiedensten Teilen der Erde. Meine Mutter schenkte mir ein herrliches Diadem aus Saphiren, Diamanten und Perlen sowie eine Kette aus denselben Juwelen. Von meinem Bruder Wilhelm bekam ich ein anderes schönes Diamantendiadem. Königin Victoria schickte mir eine prächtige Brosche, während mein Bräutigam mich mit einem großen Solitärring erfreute, dem gewöhnlichen Geschenk für alle Bräute, die in seine Familie einheirateten. Von meinen drei Schwestern bekam ich eine Diamantenbrosche mit einem Rubin in der Mitte; die anderen Geschenke, mit denen ich überschüttet wurde, waren zu zahlreich, um sie hier einzeln aufzuführen.

Am Abend vor der Hochzeit fand eine Galavorstellung in der Oper statt. Mein Bruder Wilhelm hatte „Oberon" gewählt. Zu dieser Gelegenheit trug ich das Diadem, das mir meine Mutter geschenkt hatte, und gestehe, daß ich mich im Glanze des herrlichen Schmuckes sehr stolz fühlte.

Als der Morgen des 19. November 1890, meines Hochzeitstages, dämmerte, war ich natürlich in größter Aufregung. Den Vormittag brachte ich damit zu, mich durch den Berg von Telegrammen, die angekommen waren, durchzuarbeiten. Sie schienen überall herum verstreut zu sein. Mein Bruder Heinrich bestand darauf, daß ich mich ein wenig ausruhen sollte, während er die Antworten erledigte: „Ihnen allen herzlichen Dank" schrieb er an eine einzelne Person; wir lachten herzlich. Trotzdem war uns Heinrich eine große Stütze, da ich mich vor dem Augenblick fürchtete, in dem ich meine Mutter, meine Schwestern und mein liebes Heim verlassen mußte; Heinrich tat alles, um mich über den Abschied zu trösten.

Nachmittags wurde ich in mein Hochzeitsgewand gekleidet; dann breitete meine Mutter ihren eigenen Hochzeitsschleier über meinen Kopf, um den ein Kranz von Orange- und Myrtenblüten lag. Das Kleid samt der Schleppe aus Silberbrokat war mit Orangeblüten und Spitze besetzt.

Zuerst fand die Ziviltrauung im Palais statt, der nur die nächsten Familienmitglieder beiwohnten. Ich zögerte einen Augenblick, ehe ich meinen Namen schrieb, so daß sich unser Hausminister, Herr von Wedel, sofort zu mir beugte und mir ins Ohr flüsterte: „Königliche Hoheit müssen jetzt Prinzessin zu Schaumburg-Lippe schreiben!" Natürlich hatte ich niemals etwas anderes schreiben wollen, aber vermutlich sah er, daß die Feder in meiner Hand zitterte, und wollte mir helfen. Als alle Anwesenden das Palais verlassen hatten - meine Brautjungfern und meine neue Hofdame, Baronin Elsa von Blücher, sollten uns im Schloß erwarten -, folgten meine Mutter und ich in der Staatskarosse. Nach der Ankunft wurde mir in Gegenwart meiner Mutter und einer oder zwei Hofdamen, vom Hoffriseur die Krone auf den Kopf gesetzt und befestigt; die Türen des Zimmers blieben während dieser Zeit geschlossen. Wie ich schon gesagt habe, trug jede preußische Prinzessin als Braut an ihrem Hochzeitstage einen kleinen Juwelen-Kronschmuck.

Dann folgte der Zug nach der Schloßkapelle. Adolf sah in seiner Husarenuniform außerordentlich gut aus und trug den Schwarzen Adlerorden, den er von meinem Bruder, und den Bathorden, den er von meiner Großmutter bekommen hatte. Die Trauung wurde vom Hofprediger Dr. Dryander vorgenommen; die Dekorationen des Altars waren sehr schön. Meine Mutter und meine Tante Helene, die mit Onkel Christian bei uns wohnten, meine Kusine Viktoria und Louise von Schleswig-Holstein hatten ebenso wie Onkel Arthur von Connaught sich die Mühe gemacht, den Altar eigenhändig zu schmücken. Nach der Zeremonie schloß mich meine Mutter in die Arme und sagte zu meinem Gatten leise: „Sei gut zu ihr." Dann gratulierten mir meine Brüder und meine Schwägerinnen. Im Rittersaal fand darauf große Assemblee statt; aber der traditionelle Fakkeltanz konnte nicht erfolgen, da meine Schwägerin, die Kaiserin, indisponiert war.

Indessen kam eine andere preußische Hofsitte bei dieser Gelegenheit wieder zu ihrem Recht: nämlich die sogenannte Strumpfbandverteilung, d. h. Hochzeitsandenken, die der ganzen Versammlung durch die Palastdame, Gräfin Schwanenfeld, und einen oder zwei der Ehrenkavaliere, die aus dem Regiment der Gardes du Corps ausgewählt waren, überreicht wurden; sie bestanden aus weißen Seidenbändern mit den goldenen Initialen der Braut und dem Datum des Hochzeitstages.

Nachdem ich mich umgekleidet hatte, fuhren wir mit meiner Mutter zur Station, um uns in das Potsdamer Stadtschloß zu begeben. Noch heute steht mir der Moment des Abschiednehmens deutlich vor Augen; der Gedanke, meine Mutter und meine Schwester Margarete am nächsten Tage wiederzusehen, tröstete mich etwas. Am 21. war meiner Mutter Geburtstag, der mit einer großen Gesellschaft zum Lunch gefeiert wurde.

Dann reisten wir von Potsdam nach Bückeburg, meines Mannes Heimat. An verschiedenen Stationen vor der Residenz von Schaumburg-Lippe hielt der Zug, da die Bauern in Nationaltracht uns mit Blumen und Ansprachen zu begrüßen wünschten. Endlich kamen wir nach Bückeburg und hielten unseren offiziellen Einzug in einer Staatskarosse; der Bürgermeister hieß uns mit einer hübschen Rede willkommen. Darauf fuhren wir zum Schloß, wo meines Mannes ganze Familie versammelt war. Da ich durch die Aufregung der letzten Tage und die Reise ermüdet war, begab ich mich gerne in meine Zimmer, um etwas zu ruhen. Damals gab es noch kein elektrisches Licht im Schloß; in meinem Wohnzimmer brannten unzählige Kerzen. Da ich dies für eine Verschwendung hielt, stieg ich sofort auf einen Stuhl und löschte mit einem silbernen Teelöffel die meisten von ihnen aus, so gut ich konnte, worin mich meine Hofdame, Baronin Elsa von Blücher, unterstützte.

Hochzeitsreise in den Orient

In Bückeburg erwarteten uns unzählige Pflichten. Adolfs Regimentskameraden waren alle zu dem großen Ball eingeladen worden, der nun stattfand; es war ein sehr lustiges Fest. Als alle Formalitäten erfüllt waren, begannen wir unsere Hochzeitsreise, die uns erst nach Italien und dann nach Ägypten führen sollte. In Rom empfingen uns König Humbert und Königin Margherita sehr freundlich im Quirinal, wo wir ihre Gäste waren; am Abend begaben wir uns mit ihnen in die Oper. Wir verbrachten eine glückliche Zeit mit Besuchen im Vatikan, der Peterskirche und den anderen Altertümern und Sehenswürdigkeiten; darauf schifften wir uns in Neapel nach Ägypten ein. Wir fanden Kairo außerordentlich fesselnd und interessant und hatten das Vergnügen, den Khedive zu empfangen, der uns im Hotel besuchte, während die Khediva uns später in ihrem Palast empfing. Sie war eine sehr hübsche und liebenswürdige Frau. Ausgezeichneter Kaffee mit Süßigkeiten wurde den Gästen serviert.

Auch Izzet Pascha lud uns ein: er gab uns einen Lunch unter einem prächtigen orientalischen Zelt, das mit kostbaren Teppichen, Diwans und Kissen ausgestattet war. Man mußte mit den Fingern essen; nach jedem Gang wurden Schalen mit Rosenwasser herumgereicht, damit man sich säubern konnte. Nach der Mahlzeit lud er uns ein, ein Nargileh zu versuchen: ich hielt es für eine sehr angenehme Art zu rauchen. Dann zeigte er uns seine Straußenfarm und sein Schloß, worauf ich in den Harem geführt wurde und die Bekanntschaft seiner Frau machte. Ich war sehr erfreut, als er mir einen prächtigen ägyptischen goldenen Reifen schenkte, auf dem ein herrlicher Türkis, umgeben von Diamanten, funkelte; das Schmuckstück war lange in seiner Familie gewesen und gehört immer noch zu meinen Lieblingsarmbändern.

In Kairo traf ich auch meine Kusine Viktoria mit ihrem Gatten, den jetzigen König Gustav von Schweden. - Da meine Jungfer unglücklicherweise ins Krankenhaus mußte und Elsa von Blüchers Zofe sich ihr Knie aufgeschlagen hatte, als sie versucht hatte, trotz unserer Warnungen auf eine Pyramide zu klettern, war ich in recht unangenehmer Lage und schrieb täglich an meine Mutter, mir so schnell wie möglich eine neue Kammerfrau zu schicken, was sie auch tat. In Luxor traf mich zu meiner großen Erleichterung meine ausgezeichnete Klara Franz, die Tochter des früheren Kammerdieners Franz, der bei meinem Vater gewesen war. Sie ist über 25 Jahre bei mir geblieben, war außerordentlich tüchtig, konnte verschiedene Sprachen, besaß mein größtes Vertrauen und war mir wie eine gute Freundin. Vor drei Jahren ist sie zu meinem großen Kummer gestorben. Ihre Stiefmutter war meiner Mutter Kammerfrau und die Mutter meiner jetzigen Beschließerin Georgie Franz - ebenfalls sehr tüchtig. Es ist in unserer Familie gebräuchlich, die Angestellten so lange wie möglich zu behalten und solche zu wählen, deren Eltern und Verwandten wir in unserer Kindheit gekannt haben.

An den träumerischen Ufern des Nils hatten wir oft Gelegenheit, Kamel- und Eselritte in die Wüste zu machen, auf denen wir die interessanten Ruinen der Tempel von Etsu, Tomombo und Theben besuchten, ebenso wie das Tal der Königsgräber und viele andere äußerst interessante und schöne Punkte. Adolf betätigte sich manchmal als guter Sportsmann in Schießen und Fischen.

Eines Tages bemerkte ich mit Erstaunen und Heiterkeit, daß einer unserer Araber sein Gesicht mit einem Taschentuch verbunden hatte, während er einen seiner nackten Füße in einen Korb stellte, der brennende Kohlen enthielt. Als ich fragte, was das bedeute, erklärte mir der Dragoman, daß der Araber heftige Zahnschmerzen habe und hoffte, seine Qualen dadurch verringern zu können, daß er sich die große Zehe verbrenne - sicherlich ein wunderbarer Glaube!

Nach Beendigung der Nilreise verließen wir Alexandria an Bord eines türkischen Schiffes. Es war ganz schauderhaft; aber wir ließen uns nicht träumen, was noch alles vor uns liegen sollte. Am zweiten Tage nach der Ausreise wurde das Wetter so schlecht wie möglich; es war ein Wunder, daß wir nicht alle ertranken. Sechs Tage und sechs Nächte lang tobte der Sturm; berghohe Wellen schlugen über das Schiff, das in toller Weise rollte und stampfte, so daß wir vor Angst halb von Sinnen waren.

Ich war auf dem Oberdeck in der Kapitänskabine, die mir zur Verfügung gestellt worden war. Die See stürzte von allen Seiten über Bord; ein sintflutartiger Regen fiel; das Heulen des Windes war betäubend, so daß ich mein letztes Stündlein gekommen glaubte. Ich konnte nur ruhig angezogen auf dem schmalen Bett sitzen bleiben und einen Regenschirm über meinen Kopf halten, um mich vor dem Wasser zu schützen, mußte mich aber zu gleicher Zeit festhalten, um nicht heruntergeschleudert zu werden; manchmal legte ich mich auch hin, immer mit dem Schirm über mir. Die Kabine füllte sich mit Wasser. Viele 100 Kisten der Ladung wurden über Bord geworfen. Mein Mann, meine Hofdame und die Dienstboten, auch der Kurier, lagen alle seekrank in ihren Kojen, so daß ich mir wirklich sehr verlassen und einsam vorkam. Ab und zu versuchte ein Wesen, das eine Stewardeß darstellte, zu mir zu kommen, eine halb türkische, halb griechische Frau mit großen dunklen Augen und schafsmäßigem Gesichtsausdruck. Da eine Unterhaltung nicht leicht war, gab ich schnell alle derartigen Versuche wieder auf, konnte ihr aber eines Nachts, indem ich verschiedene Sprachen versuchte, begreiflich machen, daß ich meinen Gatten zu sehen wünschte, weil ich allein nervös sei; sie kroch die Treppe wieder herunter und sagte zu Adolf in ihrem besten Französisch: „Princesse si pour" - während sie meinte, daß ich „peur" hätte. Darauf brachte es Adolf fertig, die Treppe heraufzukrabbeln.

Eine angenehme Reise! Während vieler Stunden leistete mir die Schiffskatze, ein armes, kleines, nasses Vieh, Gesellschaft. Ich liebe Tiere, besonders Pferde und Hunde; so war die Gesellschaft dieses Tieres mir äußerst angenehm. Endlich erreichten wir Smyrna und dann den Piräus, wo wir herzlich begrüßt wurden. Ich hatte die große Freude, meine Schwester Sophie und ihren Gatten Konstantin zu treffen. Alle waren entsetzt, als sie die Beschädigungen des alten, türkischen Schiffes sahen, und versorgten mich mit allen möglichen notwendigen Dingen. Unser Aufenthalt war nur kurz, da wir nach Konstantinopel fahren wollten, das wir zu unserer Erleichterung glücklich erreichten. Wir hielten uns einige Tage auf, um alle Sehenswürdigkeiten zu besichtigen, wobei uns die Attachés der deutschen Botschaft in hilfsbereitester Weise zur Verfügung standen. Natürlich machten wir dem alten Sultan Abdul Hamid einen Besuch, um ihm für die uns verliehenen Orden zu danken. Beim offiziellen Diner saß ich neben dem Sultan, mein Mann gegenüber; Munier Pascha diente als Dolmetscher, da sich Abdul niemals direkt an seine Gäste wandte. Er war sehr liebenswürdig und erfreute uns durch mehrere Geschenke, unter ihnen zwei prachtvolle arabische Pferde, den türkischen Orden und einen kleinen Hund mit Namen Hektor; außerdem wurden große Schachteln mit seinen eigenen, ausgezeichneten Zigaretten in unser Zimmer gesandt. Er zeigte mir einen Teil des Harems, wo einer seiner jüngsten Söhne auf dem Klavier unsere Nationalhymne spielte.

Die Türken essen entsetzlich viel; gerade vor Beendigung der Mahlzeit, während wir im besten Einvernehmen waren, schien Seine Majestät unzufrieden und fragte, warum ich so wenig äße. Ich antwortete, daß ich immer essen, aber nicht so häufig das Vergnügen haben könne, Seine Majestät, den Sultan, anzusehen. Diese Frage war eine Falle für mich gewesen. Es war ein wahres Vergnügen, das Gesicht des Sultans mit seiner Hakennase, dem dunklen Haar und seinem belustigten Lächeln zu betrachten.

Auf unserem Rückweg von Triest nach Berlin besuchten wir meine Kusine, die Erzherzogin Stephanie, Witwe des unglücklichen Kronprinzen Rudolf von Österreich: sie war die Freundlichkeit selbst.

Bei unserer Rückkehr nach Bonn war die Stadt natürlich festlich geschmückt. An der Station empfing uns eine Ehrenwache des Husarenregiments: alle Offiziere mit ihren Frauen waren anwesend, ebenso der dicke Oberbürgermeister, der eine lange Begrüßungsrede hielt. In einer offenen „Victoria" fuhren wir in unsere damalige Villa. Meine Mutter wohnte in

Homburg, nicht weit von Bonn, so daß ich die glückliche Aussicht hatte, sie mit meiner Schwester Margarete bei mir sehen zu können; sie kam denn auch zu meinem Geburtstag, an dessen Abend unser erster großer Empfang gegeben wurde. Wir mußten alle Behörden und wichtige Persönlichkeiten einladen, die Professoren der Universität und ihre Frauen ebenso wie die Offiziere des Husaren- und des 160. Infanterie-Regimentes, das in Bonn garnisonierte.

Mein Mann mußte seinen militärischen Dienst wieder aufnehmen; ich gestehe, daß mir dies zuerst gar nicht angenehm war. Er konnte nun wenig mit mir zusammen sein; da er aber ein sehr gewissenhafter und fähiger Offizier war, begriff ich bald, was Militärdienst zu bedeuten hat, und schätzte als Soldatentochter seine Liebe zu seinem Beruf. Mein Gatte war einer der freundlichsten, vornehmsten und besten Ehemänner, die man sich vorstellen kann, stets ritterlich, fest von Charakter und von wahrer Menschlichkeit. Keine Frau kann einen besseren Mann haben; er folgte in der Tat der Weisung meiner Mutter, die ihn gebeten hatte, gut zu mir zu sein.

Meine glücklichsten Jahre in Bonn

Viele glückliche Jahre verbrachten wir ohne die geringste Trübung. Adolf hatte schon in Bonn studiert; ich gewann die Stadt bald ebenso lieb wie es anscheinend jeder tun muß, der in ihren Mauern wohnt. Sie ist ein echtes Jugendheim dank der Universität und den vielen hundert jungen, lebhaften, fröhlichen und tätigen Studenten. Für viele Menschen aus aller Welt, nicht nur in Deutschland, bedeutet Bonn die wahre „Alma mater". „Alma mater", das Wort ruft allen die langen, in den Studentenjahren verbrachten sorglosen Stunden, die alten guten Freundschaften, die müßig verbrachten Tage am Rhein und die stärkenden Wanderungen in der schönen Gegend zurück, ganz zu schweigen von den studentischen Verbindungen oder sogar von den Vorlesungen, in denen man zu den Füßen der Lehrer saß. Eine ganze Anzahl unserer Familienmitglieder hat in Bonn studiert, mein Vater, mein Großvater, Prinz Albert, mein Bruder Wilhelm, der Kronprinz und die Prinzen August Wilhelm, Oskar, Eitel Friedrich. Es gab verschiedene Korps, von denen die Borussen das bekannteste und zugleich dasjenige war, in dem alle meine Verwandten, die ich eben erwähnt habe, aktiv gewesen sind; auch mein Mann hatte ihm angehört. Die Gesetze des Korps waren streng; sie wurden gewöhnlich genau eingehalten. Ich hatte oft das Vergnügen, meinen Mann auf die „Kneipe" zu begleiten; auch waren wir Gäste bei dem alljährlich stattfindenden Ball, der stets unter größtem Frohsinn verlief. Die Studenten war sehr nett zu mir und machten mich zum Ehrenmitglied der Borussia; sie verliehen mir sogar die schwarzweiße d. d. Corps-Schleife - ein bis dahin seltener Vorgang. Oft ritt ich auch aus, um dem Exerzieren der Husaren und ihren Besichtigungen beizuwohnen; die Herbstmanöver machten mir immer außerordentlichen Spaß. Die alten Paraden boten überall in Deutschland, ganz besonders natürlich in Berlin und Potsdam, ein schönes und interessantes Bild.

Da ich sehr gern Tennis spielte, hatte Adolf für mich einen Platz im Garten anlegen lassen, auf dem wir viele Stunden verbrachten. Oft erschienen Besucher, die sich am Spiel beteiligten, wie Adolfs beide Neffen, Adolf und Moritz, die Söhne seines ältesten Bruders, und der Herzog Karl Eduard von Sachsen-Coburg-Gotha, der oft kam. Er war der Sohn des Herzogs von Albany, des jüngsten Bruders meiner Mutter; seine Mutter war eine Prinzessin von Waldeck, Cousine meines Mannes.

Ungefähr zu dieser Zeit verlobte sich meine Schwester Margarete mit dem Prinzen Friedrich Karl von Hessen, der Landgraf von Hessen wurde, worüber wir uns natürlich alle sehr freuten.

Als wir uns eingerichtet hatten, freuten wir uns, wenn Besuch kam. Mutter war der erste Besuch. Mein Bruder Wilhelm besuchte uns öfter. Da er eine tiefe Liebe für Bonn noch aus seinen Studentenjahren her hegte, wiederholte er seine Besuche häufig; Wir versuchten stets unser Bestes zu tun, um ihn bequem unterzubringen. Mein Mann hatte übrigens zu Beginn unserer Ehe das Palais noch nicht gekauft.

Ein peinlicher Zwischenfall ereignete sich während Wilhelms erstem Besuch. Unser Küchenchef hatte entlassen werden müssen. Gerade in diesem Augenblick war die Sache natürlich sehr unangenehm; aber mit der Freundlichkeit und dem guten Willen, die uns von allen Seiten entgegengebracht wurden, überwanden wir die Schwierigkeit und bekamen es fertig, meinem Bruder eßbare Mahlzeiten vorzusetzen, ohne ihn allzu sehr zu behelligen. Meine ausgezeichnete Klara Franz kümmerte sich um alles und produzierte mit der größten Ruhe außerordentlich gehaltreiche Frühstücke.

Mein Bruder inspizierte bei jedem Besuch die Garnison. Außerdem verbrachte er viel Zeit damit, seine alten Freunde zu besuchen, hauptsächlich Frau von Sandt und ihre Töchter, die er in seinen Universitätsjahren gut kennengelernt hatte; während seiner Bonner Zeit hatte Frau von Sandts Haus ihm offen gestanden und er hatte dort viele glückliche Nachmittage verbracht. Frau Maria Gerber, die älteste der Töchter, lebt noch in Bonn. Mein Bruder trug in Bonn oft den Borussenstürmer und pflegte häufig die Kneipe. Ein paar Jahre später führte der Kaiser persönlich den Kronprinzen an der Universität ein.

Während der Besuche meines Bruder trugen die Diners gewöhnlich offiziellen Charakter; da er aber oft den Wunsch aussprach, einige seiner intimsten Freunde zu treffen, wurden diese zu inoffiziellen Empfängen am Abend eingeladen. Bei einer dieser Gelegenheiten schien eine der in der Nähe des Kaisers sitzenden Damen im Verlaufe der Unterhaltung immer unruhiger zu werden. Nach einer Weile hatte ihre Aufregung alle Grenzen überschritten; sie vergaß sich selbst, nannte ihn Exzellenz, gleich darauf Eminenz, trank seinen Tee und aß aus Versehen seinen Kuchen aus. Der Kaiser sagte nichts, lachte aber später herzlich, als er uns den Vorfall erzählte. Bei Gelegenheit eines Antrittsbesuches wurde das 75jährige Stiftungsfest der Borussen gefeiert. Die Kaiserin hatte ihren Gatten begleitet; glücklicherweise war der Wiederaufbau unseres Hauses, des Palais Schaumburg, beendet, so daß wir imstande waren, besser für die Unterbringung unserer Gäste zu sorgen.

Am Abend des Stiftungsfestes fand eine offizielle Kneipe in dem Beethoven-Saal statt. Der Kaiser führte das Präsidium, während es den Damen gestattet war, von der Galerie aus zuzusehen. Ich begleitete meine Schwägerin, die zum ersten Mal einem solchen Schauspiel beiwohnte und einen außerordentlichen Eindruck von ihm empfing. Aus allen Teilen Deutschlands waren Prinzen, Herzöge und andere distinguierte Persönlichkeiten zusammengekommen, die alle mit dem Korps der Borussen in Verbindung standen. Reichskanzler Fürst Bülow gehörte zum Gefolge meines Bruders.

Wir Damen sahen, wie gesagt, von oben zu und fanden alles sehr interessant und unterhaltend. Zur großen Belustigung meiner Schwägerin verbeugte sich einer der Studenten tief und rief ihr, schon unter dem Einfluß heftigen Bierkonsums, zu: „Ich werde niemals vergessen, daß Eure Majestät so gnädig waren, unserer offiziellen Kneipe beizuwohnen" - worauf sich die Kaiserin ebenfalls verneigte, freundlich lächelte und zu mir gewandt sagte: „Ich werde ihn auch nicht vergessen". Wir wußten beide, daß die Stimmung schon etwas vorgeschritten war, und als die Wirkung des Alkohols sich deutlicher bemerkbar machte, zogen wir uns zurück. Am nächsten Tage besuchte Auguste Viktoria, die stets ein großes Interesse an Säuglingsheimen und Krankenhäusern hatte, einige derartige Institute. Sie war eine ausgezeichnete Frau und Mutter.

Während unserer Ehejahre reisten wir jedes Jahr ins Seebad Scheveningen. Mein Onkel Carl Alexander, der Großherzog von Sachsen-Weimar, der Bruder meiner Großmutter Augusta, war gewöhnlich auch da; wir trafen uns stets beim Diner, den Konzerten und an deren Veranstaltungen. Häufig besuchten wir auch die Königin Emma, meines Mannes Cousine, in Hetloe, ihrem Landhaus, und trafen dort häufig die junge Königin von Holland, Wilhelmine, die ihrem Vater Wilhelm III., im Jahre 1890, zehnjährig, auf den Thron gefolgt war. Sie war ein hübsches Mädchen mit gutem Teint und reizenden Manieren, aber ziemlich förmlich. Die Mahlzeiten, die wir mit der holländischen Königsfamilie verbrachten, waren ganz en familie. Meine Schwester Charlotte, die spätere Herzogin von Meiningen, besuchte uns ebenfalls bald; ich sah ihrem Kommen stets mit Freude entgegen.

Meine Tante Louise, meiner Mutter Schwester, die spätere Herzogin von Argyll, kam aus England; sie war ein lieber Gast; ich liebte sie auch als meine Patentante. Sie versteht viel von Kunst und kann wie meine Mutter gut malen und zeichnen.

Mein Schwiegervater, der Fürst zu Schaumburg-Lippe, war ein weit über den Durchschnitt hinausragender Mensch, sehr gut und ein bedeutender Finanzmann, der sich ein beträchtliches Vermögen erworben hatte, das aber natürlich nach dem Kriege bedeutend zusammengeschmolzen ist. Weihnachten verbrachten wir stets in Bückeburg, der Familienresidenz; meines Schwiegervaters Freigebigkeit war bei diesen Gelegenheiten besonders auffallend, da er uns mit Geschenken zu überhäufen pflegte, die auf unzähligen, schwer beladenen Tischen ausgebreitet waren. Zu Weihnachten wurde niemand vergessen. Die Dorfbewohner und Schulkinder versammelten sich alle im Schloß, das sie mit vielen Gaben verließen: warme Kleider,

Kuchen und andere Dinge wurden ihnen von dem regierenden Fürsten und der Fürstin reichlich gespendet.

Meines Gatten große Leidenschaft war die Jagd: er und seine Brüder konnten diesem Vergnügen im Schaumburger Wald auf das beste nachgehen. Sie jagten Hirsche und Eber, Fasanen und Hasen und im Frühjahr Schnepfen. Mein Schwiegervater besaß eine reizende Jagdhütte in Steyerling, nicht weit von Gmunden im Gebirge gelegen, wo oft Jagdpartien arrangiert wurden. Ich begleitete meinen Mann jedes Jahr dorthin zur Hirsch- und Gemsenjagd im Herbst. Manchmal mußte man tüchtig klettern, was immer eine sehr gute Übung war. Ich trug stets schwere Nagelstiefel und kurze Röcke, weil man damals Hosen noch nicht als richtige Damenkleidung für das Bergsteigen ansah. Die Herren des Hofes trugen alle die österreichische Jägertracht mit kurzen Lederhosen, welche die Knie und das halbe Bein freiließen, sowie den malerischen Filzhut, eine Ausrüstung, die sehr kleidsam und zum Klettern sehr geeignet war. Mein Mann war glücklich wie ein Kind, wenn seine Knie vollkommen sonnenverbrannt waren und die Farbe des Mahagoniholzes angenommen hatten; auf die in Steyerling verbrachten Wochen freute er sich mehr als auf irgend eine andere Zeit im Jahre. Manchmal begleiteten uns meine Schwiegermutter und Adolfs älteste Schwester, Hermine, die Herzogin Max von Württemberg, die als passionierte Reiterin ihre Pferde mitzubringen pflegte. Nach dem Tode meines Schwiegervaters gehörte Steyerling meiner Schwiegermutter; jetzt ist es in den Besitz von Adolfs Neffen übergegangen. Nicht lange nach unserer Hochzeit verlor mein Gatte zu unserem größten Schmerz seinen Vater. Er war ein Mann gewesen, den man ganz natürlicher Weise bewundern mußte. Mein Bruder Wilhelm wohnte dem Leichenbegängnis bei, ein Akt der Freundlichkeit, den wir außerordentlich zu schätzen wußten.

Neue Aufgaben für meinen Mann: Er wird Regent in Lippe

Georg, der älteste Bruder meines Mannes, folgte seinem Vater. Er war mit Marie, Prinzessin von Altenburg, verheiratet: sie hatten sechs Söhne und eine Tochter. Der älteste Sohn folgte seinem Vater als Fürst von Schaumburg-Lippe gerade vor dem Kriege. Der Tod meines Schwiegervaters änderte unser Leben vollständig, da nun das Palais Schaumburg, unser eigenes Heim, an Stelle von Bückeburg in den Mittelpunkt unseres Daseins rückte.

Der Hochzeitstag meiner jüngsten Schwester Margarete wurde auf den 25. Januar 1893 festgesetzt, an dem auch unsere Eltern geheiratet hatten. Die Feierlichkeiten dauerten lange, da der Fackeltanz, den ich schon beschrieben habe, ebenso wie die anderen traditionellen Zeremonien des preußischen Hofes stattfanden. Alle bewunderten die Grazie, mit der meine Schwester die unzähligen Knickse zustande brachte. Der Abschied des jungen Paares war ein neuer großer Schmerz für meine Mutter, da meine Schwester die Letzte war, welche ihr Haus verließ.

Mein Schwager Friedrich Karl, der gegenwärtige Landgraf von Hessen, ist ungewöhnlich begabt und besitzt eine große Liebe zu Literatur und Kunst, die auch meine Mutter so sehr schätzte. Das neuvermählte Paar schlug seinen Wohnsitz im Schloß Rumpenheim in der Nähe von Frankfurt am Main auf, also glücklicherweise in der Nähe der mütterlichen Residenz. Sechs vielversprechende, prächtige Söhne wurden ihnen geboren, von denen die ältesten, Friedrich und Maximilian, ihr Leben im großen Krieg dem Vaterland opferten; sie ruhen in der Schloßkapelle von Kronberg. Auch mein Schwager wurde an der französischen Front verwundet.

Meine Mutter hatte jetzt ihr schönes Heim eingerichtet, das niemals leer von Gästen blieb. So oft wie möglich war ich bei ihr, konnten wir aber nicht zusammen sein, so schrieben wir uns täglich. Unwillkürlich erinnert mich dies an meiner Mutter

Hände, die prachtvoll geformt und schneeweiß waren. Auch ihre Handschrift war sehr schön.

Meiner Mutter Leben in Friedrichshof war völlig ausgefüllt und hielt sie vom frühen Morgen bis zum Abend in Bewegung. Wenn ich da war, ritten wir vor dem Frühstück zusammen spazieren; die Pferde, unter denen sich erstklassige irische befanden, waren prachtvoll. Ihr Hofmarschall, Freiherr von Reischach, hatte eine glückliche Hand darin, die besten Pferde, unter ihnen auch gute Wagenpferde, zu besorgen. Damals gab es noch keine Automobile; ein Motor hätte meine Mutter in den Stand gesetzt, die entzückende Gegend um Kronberg noch mehr zu genießen, da sie hügelig ist, und meine Mutter immer darauf hielt, daß die Pferde nicht überanstrengt wurden. Wenn wir bergauf fuhren, stiegen wir gewöhnlich aus und gingen, wobei wir gewöhnlich wilde Blumen vom Wegrande pflückten.

Onkel Bertie, der spätere König Eduard, gebrauchte in Homburg oft die Kur; meine Mutter und ihr Bruder nahmen jede Gelegenheit wahr, um sich zu sehen. Ihre Verbundenheit war eine sehr ehrliche, da ihre Meinungen nur selten nicht übereinstimmten. Mein Onkel sah uns gern beim Tennis auf den Homburger Plätzen zu; ich erinnere mich, daß ich in einem Turnier mitspielte und glücklich genug war, einen Preis zu gewinnen. Einige Jahre später, im Juni 1904, weilte mein Onkel Bertie als Gast des Kaisers in Kiel; Adolf und ich hatten ebenfalls eine Einladung an Bord der „Hohenzollern" bekommen, um meinen Onkel zu begrüßen. Der Besuch verlief sehr zur Zufriedenheit Onkel Berties und Wilhelms. Der Empfang war sehr eindrucksvoll und freundlich; aber leider war das Wetter schlecht, da einige Stunden strömender Regen herrschte und die Decks permanent aufgewischt werden mußten.

Wilhelm gab ein großes Bankett an Bord und am nächsten Tag eine große Teegesellschaft, zu der viele Gäste, Damen und Herren, eingeladen waren: mein Bruder Heinrich und seine Frau Irene gehörten natürlich zu ihnen, da Heinrich damals in Kiel stationiert war. Ehe mein Onkel abreiste, gab er uns ein sehr lustiges Diner an Bord der „Victoria and Albert".

Einige Zeit nach dem Tode meines Schwiegervaters trat ein neuer Wechsel in unserem Leben ein, da mein Mann als Regent des Fürstentums Lippe von dem früheren regierenden Fürsten Woldemar von Lippe eingesetzt worden war. Beim Tode Woldemars reiste mein Mann sofort nach Detmold, der Hauptstadt von Lippe, ab; wie dies gewöhnlich bei solcher Gelegenheit zu sein pflegt, erwartete ihn eine Menge formeller und anderer Pflichten. Als diese erfüllt waren, folgte ich ihm so bald wie möglich und wurde natürlich am Bahnhof offiziell empfangen; darauf fuhren wir sofort zum Schloß. Ich freute mich sehr darüber, zu sehen, wie populär Adolf war. Die Witwe des verstorbenen Fürsten Woldemar, die Fürstin Sophie zur Lippe, wohnte im Schloß und begrüßte mich sehr freundlich. Das Schloß ist ein schönes und imposantes Gebäude aus dem 15. Jahrhundert, in dem wir uns bald sehr heimisch fühlten, nachdem einige notwendige Änderungen ausgeführt waren. Ich fand die Umgebung besonders reizend, vor allem die Wälder und Hügel des berühmten Teutoburger Waldes. Wir besuchten jedes Dorf und jede Stadt des Fürstentums; die Bevölkerung empfing meinen Mann mit Begeisterung. Zum Schloß gehörte ein reizendes kleines Theater, das eine Quelle des Vergnügens für uns bildete.

Mehrere Wochen pflegten wir während der Jagdsaison im Lopshorner Schloß zu verbringen: es lag mitten in großen Wäldern. Mein Mann fand dort eine Menge Wild; z. B. gab es viele Wildschweine, die er öfters des Abends fütterte. Ein Gestüt war ganz in der Nähe; die Stuten liefen mit ihren Fohlen in den Wäldern umher. Im Frühling brachten mir Schulkinder gewöhnlich Körbe voll Primeln und Schlüsselblumen, da sie wußten, wie sehr ich diese liebe. Wir lernten das Land und seine Bewohner bald hoch schätzen und versuchten, so gut es in unseren Kräften stand, während der zwei Jahre unseres Aufenthaltes alle möglichen Verbesserungen einzuführen. Einige Schwierigkeiten mußten überwunden werden; aber mein Mann tat was er konnte.

Bald nach unserer Ankunft mußte mein Mann meinem Bruder Wilhelm in Potsdam seinen offiziellen Besuch als regierender Fürst abstatten. Wilhelm war mit unserer Regentschaft sehr einverstanden, und ein Empfang wurde uns zu Ehren abgehalten. Später kam zu meiner Freude auch meine liebe Mutter nach Detmold; wenig später erschien mein Bruder Heinrich zur Eberjagd. Wir verbrachten glückliche Tage zusammen; meine Mutter interessierte sich für alles, und ich fand, daß ihre Anweisungen für mich stets von größtem Nutzen waren.

Während dieser Zeit wohnten wir, wie viele andere Menschen aus aller Welt, den Feierlichkeiten zum zweiten Regierungsjubiläum der Königin Victoria bei (1897); es glich im großen Ganzen dem Ersten. Die patriotischen Ovationen und die Begeisterung machten einen erschütternden Eindruck; er war nur mit dem zu vergleichen, den wir zehn Jahre früher gehabt hatten. Unglückseligerweise wurde mitten während der Festlichleiten mein Mann plötzlich nach Detmold gerufen, da sich etwas Ernsthaftes ereignet hatte. Natürlich begleitete ich ihn, obgleich ich tief bedauerte, mich von meiner lieben Großmutter in einem solchen Moment trennen und auch meine Mutter und so viele nahe Verwandte verlassen zu müssen. Alle bezeigten mir ihr Erstaunen und ihr Mitgefühl, als ich ihnen erzählte, daß uns bei unserer Rückkehr Unannehmlichkeiten erwarteten. Als ich noch mit dem Anlegen der Reisekleider beschäftigt war, kam mein Onkel Artur von Connaught in mein Zimmer, um mich mit freundlichen Worten zu ermutigen. Dann reisten wir schleunigst ab, um so schnell wie möglich nach Detmold zurückzukehren.

*

·Vor unserer Abreise aus England waren bereits Gerüchte aufgetaucht, daß ein anderer Zweig der Familie seine Rechte auf die Lippesche Fürstenkrone geltend mache. Mein Gatte, der in vornehmer und selbstloser Weise ernsthafte Komplikationen zu vermeiden wünschte, legte darauf die Regentschaft nieder. Ehe der Zug, der uns von Detmold wegbrachte, aus der Station dampfte, versammelten sich eine Menge Menschen, die uns Lebewohl sagen wollten; wir wurden buchstäblich in ihrer Mitte getragen, und unser Salonwagen war ein einziges Blumenbeet. Es war eine Entschädigung für Adolf: viele Leute riefen: „Auf Wiedersehen!" und „Wiederkommen!"

So bezogen wir wieder unser altes, liebes Haus in Bonn, und Adolf wandte sich wieder seiner militärischen Laufbahn zu. Kurze Zeit darauf wurde Herr von Salviati, ein Regimentskamerad meines Mannes, unser Hofmarschall; und Hofdame Baroneß Elsa von Blücher, die mir eine treue Freundin geblieben ist. Herr von Salviati verwandte große Mühe darauf, gute Reitpferde für uns zu bekommen; zu derselben Zeit hatte ich einen Dogcart mit einem hübschen kleinen Pony. Einmal warf ich ihn um, während die Husaren exerzierten, da das Pony scheute, so daß der Wagen mit mir und meiner Hofdame umstürzte; glücklicherweise verletzten wir uns nicht. Als ich mich wieder hocharbeitete, war ich am meisten darum besorgt, ob mein Hut Schaden genommen habe und noch richtig auf meinem Kopfe säße. Meine arme Hofdame schien allerdings ziemlich erschrocken. Der kleine Zwischenfall war sehr lustig, erregte aber unter den Offizieren und Mannschaften im Augenblick große Verwirrung.

Mit wenigen Ausnahmen brachten wir jeden Sommer einige Wochen in Norderney zu. Wir nahmen unsere Reitpferde mit und ritten gerne über die Dünen und den Strand entlang. Stets fand ich Luft- und Seebäder kräftigend und stärkend; ich liebe sie ebenso wie das Tennisspiel. Alle unsere Freunde und Verwandten trafen sich am frühen Morgen zum Baden und Schwimmen.

Eines Morgens trieb die Baronesse Gabriele Speth vor unseren Augen in die See hinaus mit dem Sohn von Salviati. Mein Mann, der ein sehr guter Schwimmer war, stürzte sich sofort nach. Es gelang ihm, sie zu erreichen, so daß er sie, allerdings mit Einsatz seines Lebens, in kurzer Zeit retten konnte; beide aber waren in einer schlimmen Lage gewesen. Als sie den Strand erreichten, war Adolf fast ebenso erschöpft wie die Baronesse; denn beide hatten mehr Wasser geschluckt, als ihnen zuträglich war. Als mein Bruder Wilhelm von dem

Vorfall hörte, schmückte er meinen Mann eigenhändig mit der Rettungsmedaille.

Viele unserer Herren waren sehr erpicht auf die Seehundsjagd vom Boot aus, ein Sport, der auf der Insel sehr populär ist. Adolf und eine Anzahl seiner Freunde brachen oft zu diesen Expeditionen auf, kamen aber häufig ohne Beute und gewöhnlich bis auf die Haut durchnäßt nach Hause. Nicht selten machten wir Ausflüge nach Helgoland. Während einer Saison mieteten Fürst Bülow und seine Gemahlin ein reizendes Haus in Norderney, wo wir oft mit ihnen zusammen waren. Die Fürstin, eine besondere Freundin meiner Mutter und Italienerin, liebte die Kunst mit Begeisterung und war sehr musikalisch; nach dem Diner spielte sie uns häufig vor, wenn wir ihre Gäste waren.

Der 27. Januar war stets als Geburtstag meines Bruders ein Fest- und Freudentag. Könige und regierende Fürsten aus allen Teilen Deutschlands versammelten sich bei dieser Gelegenheit in Berlin, ebenso wie die meisten Mitglieder unserer Familie. Vor dem Frühstück nahm Wilhelm seine Geburtstagsgeschenke in Empfang, unter denen sich immer große Mengen von Blumen befanden. Das Familienfrühstück bestand aus Schokolade mit Schlagsahne und allen Arten festlicher Kuchen. Da wir als Gäste zuerst bedient wurden, schien mein Bruder manchmal gänzlich vergessen zu werden. Als ich neben ihm saß, bemerkte ich dies und mußte lachen, als er zum Leibjäger sagte, daß er gerne an seinem eigenen Geburtstagsfrühstück teilnehmen würde, wenn niemand etwas dagegen hätte.

Die Gratulationscour fand im Kaisersaal statt, worauf man sich in langer Prozession in die Kapelle begab, in der ein Gottesdienst abgehalten wurde. Später folgte die Defiliercour im Weißen Saal, bei der die Botschafter, Diplomaten, Feldmarschälle, Generale und die Obersten aller Regimenter an dem Throne vorbeischritten. Wenn dies vorüber war, gab es einen Familienlunch.

Am Abend wurde für alle Fürstlichkeiten ein größeres Diner gegeben, bei dem einer der Könige eine Rede hielt. Dann kam die Galavorstellung im Opernhaus, die ein ungewöhnlich schönes Bild bot. Mein Bruder wählte gewöhnlich das aufzuführende Stück aus; Orchester und Gesang waren stets von bester Qualität. Nach Schluß der Oper endigte der anstrengende Kaisergeburtstag mit einem Cercle, den mein Bruder und seine Gemahlin im Foyer abhielten.

Während dieser Jahreszeit erkältet man sich leicht, und wenn mein Bruder vor irgendetwas Abscheu hatte, dann war es ein Schnupfen. Da wir alle wußten, wie unangenehm ihm ein solches Leiden war, vermieden wir alle, ihm näherzukommen, wenn wir selbst seine Opfer waren. Als ich einmal im Schloß war, bemerkte ich die Symptome einer nahenden Erkältung und beschloß, ohne weiteres Aufsehen Wilhelm Adieu zu sagen, und schickte ihm ein Telegramm, obwohl wir unter demselben Dache wohnten. Wie ich später hörte, hat ihn das sehr belustigt.

Meiner Mutter Leidenszeit beginnt

Die Karnevalssaison für Bälle und Maskenbälle dauerte vom Januar bis zum Aschermittwoch. Besonders im Rheinland ist der Karneval Tradition; vor dem Krieg bewegte sich an jedem Rosenmontag am Vormittag der fröhliche Zug durch die Straßen der Städte. Bonn bot immer einen sehr lustigen Anblick, da alles groteske Kostüme trug, geschmückte Wagen durch die Straßen fuhren und die Hauptfigur, Prinz Karneval, in weiße Seide gekleidet war und eine Narrenkappe trug.

Gewöhnlich sahen wir dem lustigen Treiben aus den Fenstern des Restaurants Perrin zu und warfen Süßigkeiten, Konfetti, Orangen und so weiter auf die fröhliche Menge, während diese unsere Würfe erwiderte. Später erwarteten wir auf dem Marktplatz, wo sich der ganze Zug zu versammeln pflegte, den Prinzen Karneval, der von seinem Throne stieg, um uns zu begrüßen, worauf wir auf seine Gesundheit Champagner tranken und das Volk „Hurra" rief. Nach Karnevalssitte grüßte er, indem er mit der rechten Hand nach links über die Stirn strich. Die sogenannten Stadtsoldaten spielten eine große Rolle; ihr Kommandeur, Herr Jean Rieck, eine wohlbekannte Figur, begrüßte uns stets als erster im Restaurant, wohin wir natürlich eine Menge Freunde eingeladen hatten; stets brachte er uns reizende Buketts und dekorierte uns mit dem Karnevalsorden, der sehr hübsch war. Am gleichen Abend nahmen wir alle am Maskenball im Hotel Royal und in der Lese, einem großen Klub teil. Die Menge Dominos bot einen reizenden Anblick; es herrschte völlige Maskenfreiheit. Man küßte sich und nannte sich ohne weiteres Du. Dies war vollkommen erlaubt, eine Sitte, die vor allen Dingen von den jungen Leuten hochgehalten wurde - vielleicht auch von den älteren.

Da sich mir eine neue Möglichkeit bot, Schottland zu besuchen, reisten Adolf und ich nach Balmoral, wohin uns meine Großmutter eingeladen hatte. Ich fuhr mit meiner Mutter voraus, Adolf kam später. Da die Königin Victoria wußte, ein wie leidenschaftlicher Jäger er war, forderte sie ihn zur

Hirschjagd auf, die ihn sehr interessierte. Er hatte gute Erfolge, mußte aber leider bald nach Deutschland zurückkehren, während ich noch da blieb.

Zum Diner hatte die Königin immer Gäste. Außer anderen Verwandten wohnten Onkel Bertie, Tante Alix und meine Cousine Viktoria im Schloß; natürlich waren wir viel zusammen. Auch Lord Kitchener war einer die Gäste meiner Großmutter, ein ausgezeichneter, gut aussehender Soldat. Eines Abends sang zu unserer großen Freude Mr. Kennerley Rumford, der später Miß Clara Butt heiratete. Ab und zu machten wir natürlich Besuche in der Umgebung.

Wenn ich zurückdenke, so fällt mir ein amüsanter kleiner Zwischenfall ein, der mit der Königin Victoria passierte, als ich im Buckingham-Palast wohnte. Die Königin gab einen ihrer Empfänge, dem aber weder meine Mutter noch wir drei Schwestern beiwohnten, da wir wegen des Todes meines Vaters in tiefer Trauer waren. Trotzdem sahen wir durch eine Türritze in der Nähe des Thrones, auf dem meine Großmutter saß. Plötzlich verfing sich eine der Hofdamen, die hinter ihr standen, in den Schleier der Königin, damit rutschte ihr Diadem herunter. Meine Großmutter lächelte nur und verbeugte sich weiter, als ob nichts geschehen sei, während das Diadem schnell wieder befestigt wurde. Ich bekam einen gehörigen Schreck und war sicher, daß der Zwischenfall meiner Großmutter sehr unangenehm gewesen sein mußte, obgleich ihn niemand als wir bemerkt zu haben schien. Später ließ mich meine Großmutter in ihr Ankleidezimmer kommen und fragte mich lachend: „Hast du gesehen, was passierte, Vicky? War das nicht wirkliches Pech?" Meine Mutter und ich versicherten der Königin, daß es ganz unbemerkt vorübergegangen sei, was sie denn auch sehr beruhigte.

Was ich nun zu berichten habe, erfüllt mich mit Trauer; denn die zarte Melancholie alter Erinnerungen überkommt uns oft stärker, als wir erwarten, und bewegt uns zutiefst im Innern. Meiner geliebten Mutter Gesundheit ließ schon längere Zeit zu wünschen übrig. Während eines Aufenthaltes in Schottland vertraute sie mir an, sie fürchte an einer unheilbaren Krankheit zu leiden und werde niemals wieder imstande sein, ihr geliebtes Vaterland besuchen zu können, das so viele liebe Erinnerungen für sie barg, zumal sie sich dort mit meinem Vater verlobt hatte. Bei diesem ihrem letzten Besuch war es ein Trost für sie, ihre Mutter und ihre Schwester, Tante Beatrice, bei sich zu haben, mit denen sie schöne Nachmittagsfahrten zu verschiedenen reizenden Punkten, wie Lochnargar, zu machen pflegte, wo wir verschiedentlich den Tee nahmen.

Meine Mutter begann nun häufig Schmerzen zu spüren, so daß wir in große Unruhe gerieten. Sie zeigte indessen großen Mut, der immer eine ihrer Haupteigenschaften gewesen war. Ihr Hausarzt empfahl ihr dringend, den Winter in Italien zuzubringen. In Marigola, nicht weit von Spezia, wurde ihr eine Villa zur Verfügung gestellt, die prachtvoll am Ufer des blauen Mittelländischen Meeres in einem Garten mit vielen Blumen, Orangen- und Eukalyptusbäumen und Oliven gelegen war. Ihr Leibarzt, Dr. Spielhagen, befand sich in ihrem Gefolge.

Der Ort war friedlich und gefiel meiner Mutter unter den nun einmal herrschenden Umständen ausgezeichnet. Ich war glücklich, einige Wochen zu ihrem Trost bei ihr sein zu können. Adolf kam zu Weihnachten; wir schmückten einen kleinen Orangenbaum, der uns die heimatliche Tanne ersetzen mußte. Eines unserer kleinen Kanonenboote, die „Loreley" unter Kapitän von Levetzow, war in der kleinen Bucht von Marigola stationiert, damit meine Mutter ab und zu kleinere Fahrten unternehmen könne. Da sie nicht mehr imstande war, nach ihrer Gewohnheit weit zu gehen, machten wir täglich in einem offenen Wagen Fahrten in die Hügellandschaft, wo sie immer noch eine Menge Zeichnungen ausführte. Nahe bei unserer Villa fanden wir einen Platz, auf dem eine Menge gelber Narzissen blühte, von denen wir immer Körbe voll nach Hause brachten; wir nannten den Fleck unsere Narzissenpflanzung. Mein Bruder Heinrich befand sich gerade auf der Heimkehr von einer Reise nach China und schrieb, daß er meine Mutter gern sehen wollte: er hätte vor, in Genua zu landen. Ich bekam den Auftrag, ihn in der „Loreley" abzuholen, was ich natürlich mit Freuden tat.

Wir trafen uns in Genua. Er kam direkt an Bord; das Wetter war prachtvoll, aber eine hohe Dünung stand. Ich blieb solange wie möglich an Deck, um mich der Gesellschaft meines Bruders zu erfreuen. Während die „Loreley" stampfte und rollte, fühlte ich aber bald die Wirkung des typischen mittelländischen Meeres, was Heinrich bemerkte und sagte: „Du bist lange genug tapfer gewesen, Pisang" (mein Spitzname, den er mir gegeben hatte, während wir ihn Harry nannten. Dieser Spitzname blieb mir, seit wir „Kurmärker und Picarde" zusammen in St. Remo aufgeführt hatten). „Außerdem bist du hier an Deck nicht ganz sicher, so daß du besser hinunter gehst." Es war gerade noch Zeit, mit seiner Hilfe meine Kabine und die gottgesandte Stewardeß zu erreichen.

Leider war meine Mutter nicht wohl genug, um Heinrich an der Haustüre zu empfangen, so daß ihre erste Begegnung in ihrem Schlafzimmer stattfinden mußte. Er war erschüttert von dem, was er sah und hörte, da er nicht wußte, daß ihr Zustand so ernst war, obgleich ich ihn einigermaßen vorbereitet hatte. Wir waren sehr froh, ihn einige Tage bei uns zu sehen. Er wurde in einem kleinen Hause in der Nähe untergebracht, und da das Wetter kühl und die Heizungsmöglichkeiten nicht ganz modern waren, war er in seinem kleinen Zimmer vom dicksten Qualm umgeben. Olivenholz ist nicht gerade das geeignetste Brennmaterial. Oft haben wir darüber gelacht.

Meiner englischen Grossmutter letzte Fahrt

Mein Bruder Heinrich verließ unsere Mutter nur ungern, mußte aber nach Deutschland zurückkehren, da sein jüngster Sohn eben geboren worden war; bei der Geburt seines ältesten Sohnes Waldemar waren Mama und wir drei Schwestern bei ihm gewesen. Wir mußten damals länger warten, als vermutet worden war, und nannten das Kieler Schloß, in dem wir wohnten, die Wartburg. Endlich erschien das Baby als Belohnung für die Geduld, die ihm von allen Seiten entgegengebracht worden war.

Im Februar holte mich Adolf ab. Es war ein großer Kummer für mich, meine leidende Mutter zu verlassen; aber ich wußte, daß sie sich in guten Händen befand und ich sie bald wiedersehen würde, da wir sie im April zurück erwarteten. Auf unserer Heimreise blieben wir einige Tage in Florenz und fuhren dann nach Bonn. Ich war niemals ohne Nachrichten von meiner Mutter, da wir uns täglich schrieben. Manchmal klangen ihre Briefe ganz fröhlich, da sie den Ernst ihres Leidens vor mir verheimlichte. Indessen fühlte ich mich sehr erleichtert, als sie glücklich in Friedrichshof zu Anfang des Frühlings zurück war. Die nächsten Monate verbrachte ich damit, die teure Patientin zu pflegen, und reiste beständig zwischen Bonn und Friedrichshof hin und her.

Im Herbst besuchte ich wie gewöhnlich Adolf zu Steyrling zur Jagdsaison. Er war so glücklich, einige schöne Hirsche einer seltenen Art zu schießen. Als ein wenig später die Gemsenjagd begann, mußten wir oft knietief im Schnee waten und dann stundenlang stillsitzen, ehe wir zum Schuß kamen. Jedesmal, wenn ich ein armes, unschuldiges Tier stürzen und aus der Höhe herabfallen sah, tat es mir von ganzem Herzen leid.

Bei der Rückkehr von einem dieser Ausflüge im Jahre 1900 erwartete mich ein Telegramm von meiner Schwester Margarete, die mich bat, so schnell wie möglich zurückzukehren, da der Gesundheitszustand meiner Mutter außerordentlich bedenklich sei. Ich brach sofort auf; es ist nicht notwendig, meinen Gemütszustand zu beschreiben; die Schwierigkeiten, die ich hatte, um von dem einsamen Gebirgsort fortzukommen, erhöhten meine Ungeduld. Nach einer endlosen Wagenfahrt erreichten wir eine kleine Eisenbahnstation und damit den Schnellzug nach Frankfurt, wo wir am nächsten Morgen ankamen. In Friedrichshof traf ich meine Schwester und meine Brüder im Rosengarten; ich wollte sofort zu meiner Mutter eilen, aber die Ärzte hielten es für besser, wenn ich noch etwas wartete, da sie sich dann vielleicht wohler fühlte, und da mein plötzliches Erscheinen ihr schaden könne. Trotzdem war ich bald bei ihr, und ihr liebes Gesicht leuchtete auf, als sie mich sah, obgleich ich aus ihrem Ausdruck auf die Schmerzen schließen konnte, die sie zu erdulden hatte. Von Tag zu Tag wurde ihre Gesundheit besser, und die Krisis ging glücklicherweise noch einmal vorüber. Trotzdem konnte gegen ihre Schmerzen nichts getan werden, da ihr einziges Heilmittel, das Morphium, nur kurze Zeit wirksam blieb.

Während dieser kritischen Zeit korrespondierten wir ständig mit meiner Großmutter, deren Besorgnis natürlich ebenso groß war wie die Unsrige. Sie bedauerte in ihren Briefen und Telegrammen ständig, nur in Gedanken und mit den besten Wünschen bei ihrer geliebten Tochter sein zu können. Infolge des ernsthaften Zustandes meiner Mutter war es für sie unmöglich, wieder nach dem Süden zu reisen, um dem bevorstehenden Winter zu entfliehen. Sie wünschte auch ihr schönes Haus mit all' seinen Bequemlichkeiten nicht zu verlassen. Das Weihnachtsfest war traurig für uns alle. Dann kam die Nachricht, daß meine Großmutter plötzlich schwer erkrankt sei, eine Tatsache, die wir meiner Mutter nicht verheimlichen konnten. Obgleich meine Großmutter eine alte Dame war, schien die Vorstellung, daß sie Königin von England sei und bleibe, so selbstverständlich, daß wir nur mit dem größten Schrecken an die Möglichkeit ihres Todes denken konnten. Augenscheinlich aber waren die Tage der Königin gezählt, so daß wir, wie ihre Verwandten, wie auch ihre geliebten Untertanen wußten, daß sie nur noch kurze Zeit bei uns sein würde. Infolge einer merkwürdigen Schicksalsfügung passierte uns jetzt dasselbe wie im Jahre 1888: damals starb der alte Kaiser Wilhelm, während sein Sohn auf dem Totenbett lag, und der Vater fragte täglich nach ihm, der meilenweit entfernt war; jetzt lag meine Großmutter im Sterben, während der Zustand meiner Mutter kritisch war und beide mit der größten Besorgnis nacheinander fragten. Der Kaiser fuhr sogleich, als er von der Erkrankung der Königin hörte und wußte, daß es sich nur noch um Tage handele, nach England. Er hatte die größte Hochachtung vor der Königin, die er stets eine unvergleichliche Großmutter nannte, und fuhr sogleich nach Osborne, wo die Königin lag. Es war eine schreckliche Zeit, deren Unsicherheit natürlich für meine Mutter eine neue Prüfung bedeutete. Sie sagte oft zu mir: „Wenn nur meine geliebte Mutter wieder gesund würde".

Am 22. Januar 1901 bekamen wir die Todesnachricht. Die Königin war gestorben; der Schmerz meiner Mutter war grenzenlos und vergrößerte ihr eigenes Leiden. Sie wünschte, daß ich sie in London beim Leichenbegängnis vertrete; so fuhren mein Mann, ich selbst und einige Mitglieder der Familie auf meiner Mutter Geheiß zur Trauerfeier nach London. Wie verschieden war der Anblick, den die Stadt und das ganze Land bot, von dem, den es während des Jubiläums der Königin gezeigt hatte! Die britische Nation betrauerte ihre Königin von Herzen. Ich selbst konnte mir kaum darüber klar werden, was geschehen war. Mein Onkel Bertie, der jetzt König war und Tante Alix emp-fingen mich auf das freundlichste und sorgten sich sehr um die Gesundheit meiner lieben Mutter. Auch Wilhelm und Heinrich waren zugegen, ebenso wie etwa dieselbe Anzahl gekrönter Häupter und Fürstlichkeiten beim Jubiläum. Mein Bruder Wilhelm, der bis zuletzt bei der Großmutter gewesen war, blieb bis zum Leichenbegängnis in England, das am 2. Februar stattfand. Er bewies damit, wie aufrichtig seine Zuneigung zu seiner Großmutter gewesen war. Viele, die Wilhelm nicht wohl wollten, haben behauptet, daß er ein Gegner der Königin gewesen sei; er war es in Wahrheit aber gar nicht, sondern schätzte und bewunderte sie sehr.

Die Straßen waren schwarz von Menschen. Sie bewiesen eine ausgezeichnete Disziplin, während der Leichenzug langsam die Hauptstraße von London passierte. Vor den Toren des Buckingham Palais hielt er einen Moment zum Abschied von der Königin Londoner Heim. Meinem Bruder wurde eine große Ehre zuteil, die wir sehr zu schätzen wußten; die preussischen Offiziere ritten im Leichenzug neben den höchsten Würdenträgern unmittelbar hinter den Mitgliedern der Königlichen Familie.

In Windsor bewegte sich der Leichenzug nach dem Mausoleum von Trogmor, wo mein Großvater liegt, als ein unvorhergesehener Zwischenfall eintrat, der beinahe zu einem Unglück geführt hätte. Die Ehrenwache hatte den königlichen Salut geschossen und die Kapelle begann die Nationalhymne zu spielen, was augenscheinlich die Pferde der Lafette, auf der der Sarg ruhte, erschreckte, so daß sie heftig scheuten. Einen Augenblick schien es so, als ob die Lafette zum Schrecken der Zuschauer umstürzen wollte, als der Admiral Prinz Ludwig von Battenberg mit größter Geistesgegenwart den spalierstehenden Matrosen befahl, die Stränge der Pferde durchzuschneiden. Dann zogen die Matrosen die Lafetten an Seilen zur Kapelle, ein sehr eindrucksvolles Bild. Der folgende Gottesdienst war einfach und schön.

Nach der Trauerfeier blieben wir ein paar Tage in Windsor Castle. Ich habe gehört, daß König Eduard in einer Rede meinem Bruder herzlich dankte, daß er sofort gekommen sei, um seine Großmutter noch einmal sehen zu können. Der König sagte, daß nicht nur er, sondern das ganze britische Volk diese Handlungsweise auf das höchste zu schätzen wüßten; er versicherte dem Kaiser, daß er und die ganze königliche Familie sie als Zeichen der aufrichtigen Zuneigung betrachteten, das niemand von ihnen jemals vergessen würde. Mein Bruder antwortete etwa Folgendes: „Ich kam nicht nur, weil es mein Herz vorschrieb, sondern auch weil ich wußte, daß meine liebe Mutter es wünschte." Er sprach dann von der Ehre, die ihm in England zuteil geworden sei und von den Hoffnungen, die er auf ein gutes Einvernehmen zwischen den beiden Ländern setzte.

Als die Tage unseres Aufenthaltes ihr Ende erreichten, verabschiedete ich mich von meinen Tanten und Onkeln und fuhr direkt nach Friedrichshof zurück. Meine Mutter wollte natürlich alle Einzelheiten erfahren, die ich ihr genau beschrieb. Wochen schlimmer und immer schlimmer werdender Leiden folgten; die Schmerzen waren zeitweise unerträglich, und das Bewußtsein, nicht helfen zu können, war unsagbar niederdrückend. Im April besuchte uns Tante Alix; ihre Gegenwart und Gesellschaft erfreuten meine liebe Mutter und trösteten sie. Zu meinem Geburtstag im April, dem meine Tante beiwohnte, schenkte sie mir eine reizende Perlennadel.

Aus diesen dunklen Tagen entsinne ich mich eines spaßigen Vorfalls. Meine Zimmer lagen neben denen meiner Tante, die mich eines Abends spät holen ließ. Da es Schlafenszeit war, konnte ich mir nicht denken, was sie wollte; als ich aber ihr Zimmer betrat, fand ich sie in sehr leichter Kleidung auf der Jagd nach einer Spinne begriffen, die auf ihrer Bettdecke herumkroch. Sie warf mit ihren Kissen nach dem Tier; ich stand ihr bei, so gut ich konnte, und schließlich gelang es mir, das unwillkommene kleine Geschöpf zu erfassen und auf die Fensterbank zu setzen, ohne es zu töten - es bringt Unglück, einer Spinne ein Leid zuzufügen. Wir mußten herzlich über das Vorkommnis lachen; ich denke immer noch daran, wie reizend meine Tante in ihrem Schlafrock aussah. Später reiste sie nach Dänemark, nachdem sie kummervollen Abschied von meiner Mutter genommen hatte.

Anfang Mai fand ein freudiges Ereignis in Frankfurt statt, da meine Schwester Margarete zum zweiten Mal mit Zwillingen beschenkt wurde, beides Jungen. Natürlich freute sich meine Mutter außerordentlich, obgleich es ihr Leid tat, nicht bei meiner Schwester sein zu können. Ich versprach, sofort nach Frankfurt zu reisen, was ich auch tat, und konnte ihr bei meiner Rückkehr versichern, daß sich meine Schwester und die kräftigen Jungen sehr wohl befänden. Mitte Juni desselben Jahres kam meine Schwester Sophie und ihr Gatte, der Kronprinz Konstantin von Griechenland, mit ihren Kindern nach Friedrichshof, wie gewöhnlich um diese Jahreszeit, ein Besuch, dem meine Mutter stets mit größter Freude entgegensah. Ende des Monats verstärkte sich indessen das Leiden meiner Mutter. Morphiuminjektionen allein konnten die Schmerzen lindern, die sie Tag und Nacht erduldete. Oft sagte sie zu mir: „Wenn ich nur sterben könnte! Solche Schmerzen sind unerträglich!" und „warum all die Qual?" Man war sich selbst verhaßt, weil man nicht imstande war, ihr zu helfen. Professor Renvers aus Berlin blieb jetzt im Schloß, da seine Diagnose zu wahr erschien: es war keine Hoffnung auf Genesung geblieben. Trotzdem war es mir nicht möglich, zu glauben, daß wir sie verlieren sollten.

Meine Mutter wünschte immer noch im Rollstuhl in den Park gefahren zu werden, ein Verlangen, dem nachgegeben wurde, wenn sie unter Morphium war, obgleich es schwierig war, sie umzubetten und die Ausfahrten nur kurz sein konnten, da diese zu sehr ermüdeten. Sie wünschte aber stets ihren wundervollen Rosengarten zu sehen, der ihr Stolz und damals in voller Blüte war, nur mit Mühe konnten wir sie bewegen, genügend Nahrung zu sich zu nehmen: ihre Schwäche nahm ständig zu. Und ihr Gewicht wurde immer geringer.

Unsere Mutter wird von ihrem Leiden erlöst

Tante Helena, meiner Mutter Schwester, deren Besuche immer sehr willkommen waren, hatte sogleich England verlassen, um Mama während der letzten Stunden nahe zu sein, und der Bischof von Ripon, der eine Reise nach Deutschland machte, war in der freundlichsten Weise darum eingekommen, von meiner Mutter empfangen zu werden, betonte aber, daß er in keiner Weise zu stören wünschte.

Meine Mutter war nur zu froh, ihn bei sich zu sehen, da ihre Familie ihn sehr hoch schätze. Sein Verständnis und seine Umsicht beruhigten sie sehr. Meine Mutter war rührend geduldig, resigniert und sehr rücksichtsvoll gegen ihre Umgebung, trotz ihrer furchtbaren körperlichen Leiden. Dann kam, am 5. August, das Ende. Wir Kinder versammelten uns an ihrem Bett, stützten ihren Kopf oder hielten während des größten Teils der Zeit ihre Hand, bis sie plötzlich ganz friedlich entschlief. Merkwürdigerweise flog mit einem Male ein Schmetterling durch das Fenster, ließ sich einen Augenblick auf ihrer sterblichen Hülle nieder und flatterte dann wieder davon, als ob er ihre Seele in den Himmel tragen wollte. Der Lebenskampf war vorüber; wir mußten nun durch dieselben schrecklichen Qualen gehen wie im Jahre 1888. Der Schmerz über unseren Verlust war überwältigend; der einzige Trost, der uns geblieben, war, daß ihr armer gequälter Körper nun Ruhe gefunden, und ihr erhabener Geist entschwunden war, um sich mit denen zu vereinigen, die sie so sehr geliebt und die ihr in die unbekannte Welt vorangegangen waren. Ich will nicht zu lange bei meinem Kummer verweilen. Wir waren so eng miteinander verbunden und einander so zugetan gewesen; ich hatte mein ganzes Leben lang zu ihr aufgeblickt, da sie die schönsten Eigenschaften des Herzens und der Seele besaß, daß ihr Verlust für immer eine Lücke in mein Leben gerissen hat.

Die Tage, die unserem Verlust folgten, waren dunkel. Als der Sarg geschlossen in Mamas Schlafzimmer stand, kehrte der Bischof zurück, um einige kurze Gebete für uns Kinder zu sprechen, die am Sarge knieten; dann nahmen wir das Heilige Abendmahl.

Am selben Abend wurde unsere geliebte Mutter in die Kirche von Kronberg übergeführt und der Sarg vor dem Altar niedergestellt. Als er aus dem Hause gebracht, setzte sich mein Bruder Wilhelm an die Spitze des Trauerzuges, der aus Soldaten ihres Regimentes, des 111. Infanterieregimentes in Wiesbaden, bestand, dessen Chef sie war. Das breite Treppenhaus führte in die Halle, in der wir standen; die Prozession bewegte sich bei Fackellicht durch den Park und marschierte schweigend durch die Sommernacht zur Kirche, die meine Mutter mit vieler Sorgfalt auf das Glücklichste hatte renovieren lassen. Der Trauergottesdienst am nächsten Morgen war außerordentlich eindrucksvoll; unser Kronberger Pastor hielt ihn ab und sprach ausgezeichnet. Meine Mutter hatte oft dem Sonntagsgottesdienst beigewohnt. Der Oberst und die anderen Offiziere des Husarenregimentes meiner Mutter standen zu beiden Seiten des Sarges. Unzählige Kränze und die Kaiserflagge bedeckten den Sarg vollständig.

Die offizielle Trauerfeierlichkeit fand in Potsdam statt, wohin wir alle abreisten. Ein Sonderzug mit den Überresten unserer geliebten Mutter fuhr zuerst, mit ihrer Suite und ihrer Dienerschaft. Mein Onkel Bertie und Tante Alix wohnten dem Leichenbegängnis bei. Der Trauerzug bewegte sich vom Bahnhof Wildpark durch die schönen Gartenanlagen und Rasenflächen Potsdams nach dem Mausoleum. Meine Brüder, Onkel Bertie, sowie die übrigen Mitglieder der Familie folgten zu Fuß, während die Kapelle Chopins Trauermarsch spielte. Viktoria, Tante Alix, Irene, meine Schwestern, ich selbst und die anderen Prinzessinen standen im Hof der Friedenskirche vor der offenen Tür des Mausoleums, um die Prozession zu erwarten, die bald ankam; dann wurde der Sarg hineingetragen. Ein kurzer Gottesdienst folgte; darauf wurde unsere geliebte Mutter zur letzten Ruhe neben unserem Vater bestattet.

Die beiden Sarkophage meiner Eltern sind herrliche Werke des Professor Reinhold Begas, der als einer unserer besten Bildhauer von meinen Eltern sehr geschätzt wurde. Die Skulpturen der Dahingeschiedenen sind prachtvoll und von vollendeter Ähnlichkeit.

Als wir das Mausoleum verließen, drückte mir mein Bruder Heinrich, der meine tiefe Erschütterung erkannt hatte, ein Metallstück in meine Hand und sagte leise: „Bewahre diese kleine Krone auf; ich weiß, du wirst sie zu schätzen wissen. Sie ist von Mamas Sarge abgebrochen, ich habe sie gerade gefunden!" Es war rührend und aufmerksam von ihm.

Nach dem Tode meiner Mutter schien das Leben ein ganz anderes Aussehen gewonnen zu haben; ich glaubte nicht, daß ich jemals über den Verlust hinwegkommen würde. Sie war immer die liebevollste Mutter gewesen, und ich hatte als die älteste der drei Schwestern, welche mit ihr lebten, während all ihrer Leiden den engsten Kontakt mit ihr bekommen. Auch nach meiner Verheiratung verbrachte ich soviel Zeit wie nur irgend möglich in ihrer Gesellschaft; niemals waren wir längere Zeit getrennt. Ich weiß, was ihre edle Seele während meines Vaters Krankheit litt, und weiß, daß ihr Leben in den Jahren, welche seinem Hinscheiden folgten, ganz seinem Andenken gewidmet war. Fremde verstanden sie nicht immer; aber die Bewegungen, die sie in Deutschland unterstützte, die Ermutigung, die sie allen liberalen und fortschrittlichen Ideen zuteil werden ließ, ihr Kampf für die Verbesserung der Erziehung und der Lage der weiblichen Bevölkerung, ihre unermüdliche Arbeit für Krankenhäuser und Säuglingsheime, die verschiedenen Institute, welche sie gründete oder deren Gründung sie veranlaßte: all das zeigt die Stärke ihres Geistes, ihre große Menschenliebe, ihr Pflichtgefühl und ihre innige Zuneigung zum deutschen Volk. Nach ihrem Tode waren wir ein Jahr lang in tiefer Trauer und machten infolgedessen keine offiziellen Veranstaltungen mit. Ich hielt mich kurze Zeit in Eastburne auf, da mir ein Wechsel des Ortes in meiner tiefen Niedergeschlagenheit notwendig schien.

Während der Jagdsaison begleitete ich wie gewöhnlich meinen Mann nach Österreich; im Sommer waren wir verschiedentlich in Scheveningen und wiederholt bei der königlichen Familie eingeladen. Königin Wilhelmine war nun erwachsen und zeigte sich als sehr liebenswürdige Wirtin. Ich erinnere mich sehr gut an unsere morgendlichen Bäder, die uns immer viel Vergnügen machten. Familienbäder zu besuchen galt in dieser Zeit für Damen als nicht schicklich; so wurden sie in Badekarren ins Wasser gefahren. Wenn man ins Wasser stieg, stand bereits eine Badefrau bereit, die einem half. Die gute Holländerin, die mich betreute, freute sich jedes Mal, mir einen Eimer voll Wasser über den Kopf gießen zu können; da ich aber glücklicherweise flink auf den Füßen war, gelang es mir häufig, ihren Versuchen, mich zu überschwemmen, zu entgehen. Sie war eine umfangreiche Person, trug rote Flanellhosen und die weiße Haube der holländischen Landbevölkerung. Sie hörte auf den Namen „Pitje" und verschmähte es nicht, ab und zu einen kräftigen Schluck Kognak zu nehmen.

Im Jahre 1903 feierten meine Schwester Charlotte und ihr Mann ihre silberne Hochzeit; Heinrich und Irene hielten die Feier im Schloß zu Kiel ab. Sie hatten Feodora, Charlottens Tochter und ihren Gatten, meine Schwester Margarete und Gatten, Adolf und mich eingeladen. Es wurde an Bord von Heinrichs Schiff ein vergnügtes Lunch und abends eine Theatervorstellung gegeben. Das Stück, welches Heinrich nach allen möglichen Zweifeln gewählt hatte, war „Die zärtlichen Verwandten", das mir sehr geeignet schien, da sich so viele nahe Verwandte zu dieser Gelegenheit versammelt hatten; nur daß der Witz des Stückes im beständigen Streit der Familienmitglieder bestand, während wir im großen Ganzen eine harmonische Gesellschaft bildeten. Die Hochzeitsgesellschaft blieb ein paar Tage und reiste dann mit den Gefühlen größter Dankbarkeit gegen Heinrich und Irene für ihre liebenswürdige Gastfreundschaft ab.

Zur Abwechslung reisten wir diesen Sommer nach Cromer in Norfolk, das uns ausgezeichnet gefiel. Die liebliche englische Landschaft, die weite Ausdehnung und Ruhe des Moordistriktes schien uns ruhevoll und lindernd; die Sonnenuntergänge waren besonders schön. Wir radelten durch einen großen Teil dieses hübschen englischen Landstriches.

Einmal fuhr ich nach Sandringham, um die Königin Alexandra zu besuchen. Meine Cousine Viktoria, die etwa in meinem Alter stand, wohnte bei ihr. Meine Besuche in Sandringham machten mir immer viel Freude. Der Charme der Königin schien über dem ganzen Besitztum zu liegen. Manchmal lunchten wir auch mit meiner Cousine, Prinzessin Maud, der jüngsten Tochter der Königin; sie hatte den Prinzen Haakon, späteren König Haakon VII. von Norwegen geheiratet, ihr Sohn Olaf, jetzt Kronprinz von Norwegen, war damals gerade geboren worden und ein niedlicher kleiner Junge.

Im April 1905 vermählte sich der damalige Großherzog von Sachsen-Weimar in Bückeburg mit der Prinzessin Karoline von Reuß, der Schwester der zweiten Frau Kaiser Wilhelms, Hermine; beide waren als Töchter von Ida zu Schaumburg-Lippe und Heinrich XXIV. von Reuß Nichten meines Mannes. Zur Hochzeit versammelten sich eine Menge Fürstlichkeiten, unter ihnen die Königin Wilhelmine von Holland mit ihrem Gatten, dem Prinzgemahl, Prinz Heinrich von Mecklenburg, und mein Bruder Wilhelm. Die Braut bekam viele schöne Geschenke, darunter den berühmten alten Familienschmuck des regierenden Hauses von Weimar. Karoline war ungewöhnlich reizend und hübsch: ich mochte sie sehr gern. Ihr Brautkleid stand ihr ausgezeichnet. Leider war ihre Ehe nicht glücklich; nach zwei Jahren wurde sie krank und starb an Lungenentzündung. Diesmal versammelten wir uns nur ganz still im kleinsten Familienkreis, um den Trauerfeierlichkeiten beizuwohnen.

In diesem Jahr ereignete sich der tragische Tod des Großfürsten Sergius von Rußland, der von einer von Anarchisten geworfenen Bombe in Moskau getötet wurde, wo er Generalgouverneur gewesen war. Seine Gemahlin war meine Kusine Ella von Hessen, eine liebe und fromme Frau, mit der ich sehr befreundet war; nach dem schrecklichen Ende ihres Gatten gründete sie das Martha- und Marienkloster in Moskau, in das sie eintrat, da sie fühlte, sie könne das weltliche Leben nicht länger mitmachen. Später wurde sie Äbtissin und weihte den Rest ihres Daseins der Armen- und Krankenpflege.

Meine ersten „Erfolge" beim Wintersport

In der hessischen Familie ereigneten sich leider verschiedene Tragödien. Meine Tante Alice von Hessen, die Schwester meiner Mutter, starb an Diphtheritis, nachdem sie ihre kranken Kinder, von denen das jüngste, Marie, starb, gepflegt und sich angesteckt hatte. Von ihren drei überlebenden Töchtern heiratete Irene meinen Bruder Heinrich; sie lebte mit ihm glücklich. Die beiden anderen, Elisabeth (Ella) und Alix, heirateten in die russische Königsfamilie; Alix wurde die Gattin des Zarewitsch Nikolaus, der später Zar Nikolaus II. wurde. Ihr unseliges Schicksal ist mir allzu gut bekannt. Sie wurde von den Bolschewisten in der Nacht des 16. Juli 1918 in Jekaterinburg ermordet; in der nächsten Nacht teilte die Großfürstin Elisabeth ihr furchtbares Schicksal. Meine Kusinen standen mir sehr nahe, besonders Ella, die lieb und gut war. Ihre sterblichen Reste wurden nach Jerusalem übergeführt und dort beigesetzt. Das war das traurige Ende von Menschen, die wir sehr geliebt hatten.

Ich will mich wieder weniger schicksalsschweren Dingen zuwenden, da die Seiten meines Lebensbuches abwechselnd Trauer und Freude enthalten.

In Wiesbaden wurde jeden Mai eine Festwoche abgehalten, während der mein Bruder und seine Gemahlin dort im Schloß wohnten. Die Hauptanziehungskraft während dieser Festlichkeiten waren immer die Aufführungen in dem reizenden Theater, an denen mein Bruder großes Interesse nahm; sie waren für uns alle eine Quelle des Vergnügens. In dieser Woche pflegten die Einwohner Wiesbadens vom Morgen bis zum Abend in dichtem Haufen vor dem Schloß zu stehen und fast die ganze Zeit „Hurra" zu rufen, so daß Wilhelm häufig auf dem Balkon erscheinen und sie begrüßen mußte. Die Vorstellungen im Theater hatten meist großen Erfolg; ehe die Automobile vorfuhren, um uns nach Hause zu bringen, empfing mein Bruder Wilhelm gewöhnlich die ersten Schauspieler und Schauspielerinnen, um ihnen zu gratulieren und sich mit ihnen zu unterhalten. Mein Bruder hatte ein gutes Urteil über Dramen und feste Ansichten über Bühnendekorationen. Der Intendant der Königlichen Theater, Georg von Hülsen, half meinem Bruder stets bei Ausführung seiner Wünsche und Ideen in Bezug auf die Inszenierung mit vielem Verständnis. Mir imponierte stets die Art außerordentlich, in der er es fertigbrachte, die große Treppe beim Empfang meines Bruders hinaufzusteigen, ohne ihm seinen Rücken zuzudrehen. Während sein Herrscher mit ihm sprach, ging er geschickt und vorsichtig Stufe für Stufe rückwärts hinauf, ohne zu stolpern, ein, wie ich glaube, einzig dastehendes Kunststück.

Herrn von Hülsen war es auch zu danken, daß ein ausgezeichnetes Getränk, der rote Champagner, eingeführt und bei der Hoftafel gereicht wurde. Er stammte aus Herrn von Hülsens Keller. Im Allgemeinen tranken mein Bruder und meine Schwägerin indessen nur Fruchtsaft. Während Wilhelm sich in Wiesbaden aufhielt, besuchten wir oft das alte Schloß, in dem wir häufig als Kinder mit unseren Eltern gewohnt hatten. Es gab in Darmstadt immer eine Menge Primeln auf den Wiesen, so daß wir die glücklichen Zeiten noch einmal durchlebten, in denen wir einst Primeltee gekocht und Primelknäuel in der Schulstube gemacht sowie auf den Wiesen Charaden mit den hessischen Verwandten aufgeführt hatten. Als Kinder waren wir auch häufig in Darmstadt gewesen und hatten dort vor und nach dem Tode meiner Tante Alix unsere Verwandten besucht. Damals hatten wir mit unseren Kusinen intime Freundschaft geschlossen, die sich während unseres späteren Lebens unverändert erhielt.

Mein Neffe, der Kronprinz, und später drei seiner Brüder studierten an der Universität Bonn. Sicher haben sie ihre Studienzeit ausgezeichnet genossen; jedenfalls erzählten sie uns mehrfach, als die Zeit um war, wie lebhaft sie bedauerten, Bonn verlassen zu müssen. Später folgten meine Neffen Adolf und Moritz zu Schaumburg-Lippe und noch vor Ihnen mein Vetter, Herzog Karl Eduard von Coburg, Sohn des Herzogs von Albany, meiner Mutter jüngstem Bruder, ihrem Beispiel. Natürlich ging die fidele Studentenzeit nach ihrer Ansicht viel zu schnell vorüber, aber andere, ernstere Pflichten erwarteten sie.

Der Bonner Tennisklub arrangierte zu Anfang des Sommers stets sehr gute Turniere, bei denen ich häufig ganze Tage mit dem Anschauen aufregender Spiele verbrachte und oft das Vergnügen hatte, die Preise zu verteilen. Eines Tages ereignete sich ein kleiner Zwischenfall; ein sehr guter Spieler, einer unserer Professionellen, hatte einen Gegner, der augenscheinlich im Vorteil war, obgleich er nicht ganz dieselbe gute Form zeigte, worüber sich der andere ziemlich ärgerte. In einer Pause bat er um ein Glas Limonade; er trank einige Schlucke und warf dann das Glas mitsamt seinem Inhalt vor den Stuhl des Schiedsrichters, während er zur Entschuldigung sagte, daß er zu müde sei, um das Spiel fortzusetzen.

In ähnlicher Weise hielten die Studenten interne Turniere ab, an denen die Damen der Gesellschaft teilnahmen. Auch ich tat das, fand aber, daß es für die, welche nicht gewohnt sind, vor vielen Zuschauern zu spielen, ziemlich unangenehm ist, und war trotz aller meiner ernsthaften Bemühungen niemals in wirklich guter Form.

Unser Theater in Bonn besaß stets eine große Anziehungskraft, früher wie heute. Vor dem Krieg war Otto Beck Direktor, dem jetzt Dr. Fischer gefolgt ist. Unter den vielen guten Schauspielern, die dort ihre Laufbahn begannen, waren Emil Jannings, Klöpfer und Agnes Straub. Wir sahen alle Neuheiten in bester Besetzung. Am Ende des Karneval 1910 starb meine Schwiegermutter, ein Verlust, den wir alle schmerzlich empfanden, da die alte Dame besonders freundlich und reizend gewesen war. Es ist Sitte in der Familie Schaumburg-Lippe, die Herzen der Verstorbenen, wie das des Richard Löwenherz, vor der Beerdigung in einer besonderen Urne unter der Schloßkapelle beizusetzen. Ich finde diese Sitte entsetzlich und wünsche, daß mein Herz auch nach meinem Tode mein eigen bleibt!

Mit großem Eifer betrieb ich den Wintersport; mein Mann hatte nichts dagegen, liebte ihn aber nicht besonders. Einmal reisten wir in großer Gesellschaft von Verwandten und Freunden nach Kitzbühel in Österreich, wo ich meine ersten Skiversuche machte; ich fand das Skilaufen recht schwierig, besonders, da die meisten aus unserer Gesellschaft es schon ganz gut konnten. Große Ausflüge, an denen teilzunehmen für eine Anfängerin wie mich ein Wahnsinn war, wurden ausgeführt; niemals werde ich die fürchterlichen Anstrengungen dieser Wege vergessen. Gewöhnlich fiel ich hin und lag der Länge nach im tiefen Schnee; ich wußte niemals, welches mein rechtes und mein linkes Bein war, die beide gewöhnlich hoch in die Luft standen, da sie immer noch an den schwerfälligen Ski befestigt waren; glücklicherweise rettete mich mein Führer jedesmal. Am Tage kletterte man den endlosen Weg zur Hütte in glühendem Sonnenschein hinauf; eine Stunde Rast und einige Sandwiches waren dann willkommene Unterbrechung. Dann folgte der nicht weniger ermüdende Abstieg, bei dem ich gewöhnlich nach vorwärts stürzte, da ich auf dem gefrorenen Schnee das Gleichgewicht verlor; ich muß gestehen, daß mir die ganze Sache ekelhaft war. Einer dieser Ausflüge schloß mit einer heftigen Erkältung, der nach meiner Heimkehr eine Lungenentzündung folgte, von der ich gerade noch so davon kam. Ich entsinne mich der Krankheit deswegen besonders deutlich, weil die Nachrichten von der Ermordung König Georgs in Saloniki am 18. März 1913 mich im Bett erreichten und mich sehr erschütterten. Mein Schwager Tino (Konstantin), der Thronerbe, wurde sofort zum König ausgerufen, so daß die Prophezeiung unserer alten englischen Nurse sich bewahrheitete und meine Schwester Sophie gekrönte Königin wurde. Allerdings: in einem Lande, in dem der Mord eine politische Waffe ist, haben Königinnen gerade keine beneidenswerte Stellung.

Während des nächsten Winters in Garmisch-Partenkirchen und Bayrischzell verbesserten sich meine Skikünste soweit, wie ich es gewünscht hatte, obgleich ich alle anderen Sportarten dem Schneeschuhlaufen vorziehe.

Inzwischen waren die Kinder meines Bruders Wilhelm herangewachsen, und Geburtstage, Verlobungen, Hochzeiten folgten einander mit erstaunlicher Schnelligkeit. Die Verlobung und Verheiratung des Kronprinzen mit der Prinzessin Cecilie verursachten natürlich große Aufregung. Es war eine Liebesheirat; die junge Prinzessin war ungewöhnlich reizend und besaß ein frisches und heiteres Temperament. Schon Wochen vor der Hochzeit dachte niemand an etwas anderes als an dieses Ereignis; in der Woche, in der es stattfand, wurden überall Festlichkeiten gefeiert. Die Braut zeigte große Selbstbeherrschung und lächelte jeden glückselig an. Die üblichen Zeremonien folgten, der feierliche Einzug, die Umzüge, der einfache Gottesdienst und die Defileecour, bei der die Gäste vor dem Kaiser und der Kaiserin sowie dem neuvermählten Paare vorbeiziehen und die Damen, alle in Hoftoilette, ihre langen schweren Schleppen hinter sich ausbreiteten. Beim Hochzeitsdiner wurden verschiedene traditionelle Gewohnheiten aufrechterhalten, wie der Trinkspruch des Kaisers auf die Braut und den Bräutigam. Die Kammerherren servierten die Suppe. Dann kam der berühmte Fackeltanz. Meines Bruders zweiter Sohn, Prinz Eitel Friedrich, heiratete die Prinzessin Sophie Charlotte von Oldenburg; ihre Vermählung fand am Tage der silbernen Hochzeit seiner Eltern statt.

König Eduards letzter Besuch in Berlin

Natürlich war ich viel mit meinen Neffen und Nichten zusammen, von denen ich eine ganze Anzahl habe. Mein ältester Bruder hatte sechs Söhne und eine Tochter, meine Schwester Charlotte, Herzogin von Sachsen-Meiningen, eine Tochter, Prinz Heinrich von Preußen drei Söhne, Sophie, Königin von Griechenland, drei Söhne und drei Töchter, Margarete von Hessen-Kassel sechs Söhne. Die einen Kinder waren in der Familie als die „Griechen", die anderen als die „Hessen" bekannt.

Im November 1907 statteten Wilhelm und Auguste Viktoria einen Staatsbesuch in England ab und kehrten voller Lob über die schöne Zeit zurück, die sie verlebt hatten. König Eduard VII. war freundlich, die Königin Alexandra die verkörperte Liebenswürdigkeit gewesen. Der Besuch schien die Bande zwischen Onkel und Neffen fester geknüpft zu haben. Im Februar 1909 besuchte das englische Königspaar Berlin, aus welchem Anlaß Heinrich und Irene, Margarete mit ihrem Gatten und ich mit Adolf nach Berlin kamen. Große Vorbereitungen waren getroffen worden, da jedermann wünschte, daß dieser Besuch möglichst erfolgreich verlief. Das Schloß war für die königlichen Gäste und ihr Gefolge neu hergerichtet, die Straßen auf das reichste geschmückt worden. Wir schätzten diesen Besuch deshalb besonders hoch ein, weil mein Onkel damals sich nicht wohlfühlte, so daß sein Leibarzt ihn begleiten mußte. Er und die Königin wurden mit Begeisterung aufgenommen. Wir alle wohnten dem Empfang auf dem Bahnhof natürlich bei. Der Zug lief mit Verspätung ein. Aber alles war in der besten Stimmung, und kleine unvermeidliche Mißhelligkeiten wurden großmütig übersehen. Die Begrüßung war sehr herzlich; besonders die Königin Alexandra war außerordentlich freundlich und gewann aller Herzen für sich. Es war ein ungewöhnlich kalter Wintertag; trotzdem fuhren König Eduard und Wilhelm im offenen Wagen zur Freude der in den Straßen versammelten Menge zum Schloß. Tante Alix war besorgt, daß dies dem König schaden könne. Die Menge auf den Strassen grüßte die Vorüberfahrenden herzlich: in der zweiten Staatskarosse saßen die Königin Alexandra und Auguste Viktoria.

Leider passierte auch hier etwas Peinliches. Die Pferde, welche wahrscheinlich durch die Kälte und das lange Warten widerspenstig geworden waren, standen plötzlich still und wollten nicht weiter. So hielten sie einige Augenblicke, und da nichts die Tiere zum Weiterfahren zu bewegen vermochte, mußten Tante Alix und meine Schwägerin den Wagen verlassen und einen anderen besteigen. Natürlich war niemand zu tadeln; aber mein Bruder war sehr ungehalten darüber, da er sich wirklich die größte Mühe gegeben hatte, damit beim Empfang seiner vornehmen Gäste alles glatt verlaufen solle. Glücklicherweise lachte die Königin über den Zwischenfall und meinte, sie hätte sich über das „Intermezzo" außerordentlich amüsiert.

Dann folgten die endlosen Diners und Luncheons sowie eine schöne Vorstellung des Balletts „Sardanapal" in der Oper, die mein Bruder mit großer Sorgfalt vorbereitet hatte. Sie hatte einen ausgezeichneten Erfolg. Die Hofwagen waren natürlich immer unterwegs. Der König und die Königin hatten nur ein kleineres Gefolge bei sich.

König Eduard machte auf die Berliner Kaufmannschaft einen großen Eindruck, als er nach einem offiziellen Frühstück im Rathaus das Wort an sie richtete. Allgemein wurde seine Rede für sehr klug und taktvoll gehalten. Mein Onkel sprach ausgezeichnet deutsch. Leider fühlte er sich während des ganzen Aufenthaltes nicht wohl, so daß wir schließlich fürchteten, daß die offiziellen Verpflichtungen zu ermüdend für ihn werden könnten. Glücklicherweise schien er sich aber nicht schlechter zu befinden, als der Besuch zu Ende ging. Der König und die Königin sprachen sich sehr befriedigt und erfreut aus. Königin Alexandra war damals schon über sechzig, besaß aber noch immer ihre Schönheit und jugendliche Art, die so sehr anziehend war, und schien trotz ihres schlechten Gehörs gut imstande zu sein, Unterhaltungen zu folgen.

Die folgenden Jahre verliefen ruhig, schnell und, soweit mein harmloses Gemüt es erkennen konnte, harmonisch. Die beiden Länder, die ich so sehr liebte, Deutschland, mein Vaterland, und England, die Heimat meiner Mutter, schienen auf freundschaftlichem Fuße zu stehen und froh über ihre gegenseitigen guten Beziehungen zu sein.

Im Jahre 1909 sah Berlin den Besuch Erzherzogs Franz Ferdinand von Österreich und seiner Gemahlin. Ungefähr zur gleichen Zeit kam meine unglückliche Schwester Sophie mit ihrer Familie nach Deutschland. In Griechenland waren Unruhen ausgebrochen, so daß die königliche Familie das Land verlassen mußte. Mein Neffe Alexander, Sophies zweiter Sohn, der später an Stelle seines Vaters die Regierungsgeschäfte führte, wurde in die Potsdamer Kadettenanstalt gesteckt.

Mein Onkel, König Eduard, starb im Mai 1910. Im Mai 1911 besuchte mein Bruder wiederum auf Einladung unseres Vetters Georg, jetzt König Georg V., England, um der Enthüllung des Victoria-Memorials beizuwohnen, und wurde, nach seinen eigenen Worten, auf das herzlichste begrüßt.

Im Jahre 1913 wurde die Hochzeit der Prinzessin Viktoria Luise, der einzigen Tochter des Kaisers, mit dem Prinzen Ernst August von Cumberland, späterem Herzog von Braunschweig, mit dem größten Pomp gefeiert.

Es war die letzte Hohenzollernhochzeit, die nach der alten Tradition gefeiert wurde. Während der Festwoche saßen König Georg und der Zar von Rußland mit dem Kaiser in der königlichen Loge des Opernhauses zusammen; es war das letzte Mal, daß diese drei mächtigen Herrscher sich trafen. Ich konnte der Hochzeit nicht beiwohnen, da ich an Lungenentzündung erkrankt war.

Unser Leben in Bonn spielte sich in der üblichen fröhlichen Weise ab; häusliche Pflichten, Besuche, Empfänge, Sport, hauptsächlich Tennis und Reiten, und die mannigfachen Interessen im städtischen Leben wechselten einander ab. Bonn war niemals langweilig, wie es keine Universitätsstadt jemals ist, da beständig ein Strom von tätigen, lustigen und arbeitsamen Jünglingen durch die Stadt wogte.

Verschiedene junge Verwandte von uns studierten in Bonn, denen unser Haus stets ein Heim war; wir hatten sie mit ihrer Frische und ihrer jugendlichen Begeisterung immer gern bei uns.

Dann platzte mitten in der scheinbaren Ruhe die Bombe, und die Sintflut des Weltkrieges stürzte sich über die Erde.

Wie gut entsinne ich mich der ersten Wochen jener aufgeregten Zeit! Ende Juni 1914 fand in Bonn ein Tennisturnier statt; wir waren alle eifrig mit dem Spielen beschäftigt, als die traurige Nachricht von der Ermordung des Erzherzogs Franz Ferdinand und seiner Gattin in Sarajewo am 28. Juni ankam. Wir waren über das Verbrechen entrüstet; jeder mußte Sympathie für den alten Kaiser Franz Joseph empfinden. Als er die Nachricht erhielt, soll er ausgerufen haben: „Alle sterben! Nur ich muß leben bleiben!" Zu der Entrüstung über das Verbrechen gesellte sich Mitleid, Erstaunen und Furcht vor möglichen politischen Verwicklungen. Wir hatten indessen keine Ahnung, wie weit diese geahnten Differenzen gehen sollten. Wir waren in der Tat so ahnungslos, daß wir im Juli nach Norderney fuhren, wie es unsere Gewohnheit war; wir nahmen unsere Reitpferde mit und richteten uns für eine vergnügte Zeit ein. Die erste Woche wurde in richtiger Ferienstimmung verbracht; aber dann tauchten Gerüchte von militärischen Vorbereitungen in der Heimat auf. Natürlich waren wir unruhig und telegraphierten an einige unserer Verwandten, um zu erfahren, ob Ursache zur Beängstigung bestünde. Sie antworteten: „Kein Grund zur Besorgnis wegen der Gerüchte oder zum Verlassen Norderneys. Hoffen, Ihr werdet einen angenehmen Sommer verbringen." So blieben wir und suchten die beunruhigenden Gerüchte aus unseren Gedanken zu bannen.

Mein Bruder Wilhelm war auf seiner Yacht nach Norwegen gefahren und immer noch dort, so daß in der Tat kein Anlaß zur Angst vorhanden zu sein schien. Aber leider wurden die schlimmen Gerüchte Wahrheit, und die verschiedenen Kriegserklärungen erfolgten. Wir reisten sofort nach Bonn ab und sahen in Köln eine Menge Truppen, die sich in prachtvoller Disziplin und Ordnung auf dem Wege zur Front befanden.

Trotz der mannigfachen Eisenbahnschwierigkeiten erreichten wir Bonn ziemlich schnell; die Züge waren an den meisten Orten für die Truppen mit Beschlag belegt worden.

Mitten im Kriege stirbt mein Mann

Die plötzlich hereinbrechende Unruhe war schrecklich. Mein Vaterland sah sich in einen Krieg gestürzt, und alle Lieben wurden von unserer Seite gerissen, um zur Front zu gehen.

Ich glaube nicht, daß die meisten Menschen sich vorstellen können, was es heißt, in einer solchen Zeit und in einem solchen Kriege königliche Prinzessin zu sein. Das Vaterland ist uns teuer wie ein Glied des eigenen Körpers, und unsere Verwandten müssen natürlich die ersten sein, die zu ihren Regimentern stoßen. Dazu kommt aber die Tragödie des Kampfes von Blutsverwandten gegeneinander, von Blutsverwandten, mit denen wir viele sorglose Stunden verbracht haben, Menschen, die wir innigst liebten und die nun alle in die Hölle des Krieges geworfen waren, um gegeneinander zu fechten. Ich möchte hier ferner auf den Schrecken und das Elend hinweisen, nicht nur auf das der Soldaten, sondern auch auf die Sorgen derer, die voller Furcht zu Hause bleiben müssen, - also auf das Unheil, das alle Welt betraf. Niemand kann sich vorstellen, was unsere Framilie während des Krieges gelitten hat; denn es ist keine beneidenswerte Lage, an der Spitze einer Nation zu stehen, wenn diese Nation in einen verwüstenden Krieg geraten ist.

Da wir außerdem Menschen sind, konnten wir uns nicht plötzlich umstellen und diejenigen hassen, welche wir zu lieben gelernt hatten.

Nach Ausbruch des Krieges konnte man nichts tun als die Ruhe bewahren, seine Pflichten auf das beste erfüllen und seine Fähigkeiten in jeder Weise dem Land zur Verfügung stellen. Mein Mann mußte mich in den ersten Tagen verlassen, da er zum 8. Armeekorps kommandiert war. Nach seiner Abreise stürz-te ich mich in die Arbeit der Hospitalorganisierung. Mit Hilfe des Roten Kreuzes war es mir möglich, ein kleines Lazarett unter meinem Patronat zu errichten. Es war verhältnismäßig leicht, erfahrene und ausgebildete Pflegerinnen zu bekommen, die sich ausgezeichnet in schwerster Arbeit bewährten. Alle erfüllten ihre Pflichten auf das beste und zeigten die vornehmste Gesinnung, Dienstwilligkeit und Aufopferungsfreudigkeit. Täglich kamen Verwundete und täglich mußte man sie mehr bewundern; sie waren so tapfer und die meisten von ihnen dabei doch entsetzlich zugerichtet. Alle, die während des Krieges gepflegt haben, werden wissen, wie herzzerreißend das alles war, und daß man äußerst ruhig und fröhlich scheinen mußte, wenn auch das Herz schwer wie Blei in der Brust lag. Unaufhörlich kamen die Lazarettzüge; am Bahnof wurden Baracken errichtet, um die Verwundeten zunächst aufzunehmen. Glücklicherweise konnte ich mit meinem Auto diejenigen, welche nicht zu gehen imstande waren, in die verschiedenen Lazarette transportieren.

Während dieser Fahrten waren die armen Menschen gewöhnlich in guter Stimmung und von dem Gedanken entzückt, ein Bad und ein bequemes Bett nach dem furchtbaren Leben im Graben zu bekommen. Einige Zimmer in meinem Lazarett waren für Offiziere reserviert. Ein paarmal passierte es, daß Offiziere und Mannschaften, die besonders groß waren, die Betten ein wenig zu kurz fanden; aber niemand beklagte sich darüber. Die Ärzte taten ihr Bestes und arbeiteten, wie es schien, von 24 Stunden 24, ohne zu ermüden oder unlustig zu werden.

Alle Hochgestellten müssen Verleumdungen von seiten ihrer Feinde erdulden, da sie auch dann falsch beurteilt werden, wenn sie sich bemühen, nach Kräften zum Wohle des Ganzen tätig zu sein. Das wissen wir alle; trotzdem ist es mir, die ich meinen Bruder mit seinem Verantwortungsgefühl und seiner echten Menschenliebe kenne, fast unerträglich, daß das ganze Gewicht des großen Unglücks, das die Welt jeamals betroffen hat, auf ihn gelegt wird, und daß man versucht, aus ihm eine Art von blutdürstigen Tyrannen zu machen, der er nie gewesen ist; er ist höchstens impulsiv, aber nicht tyrannisch. Die Tatsache, daß unserer Mutter Heimatland in Waffen gegen uns stand, war eine bittere Enttäuschung für uns Kinder, auch für Wilhelm.

Im weiteren Verlauf des Krieges änderte sich mein Leben wenig. Der 19. November 1915 war das Datum unserer Silbernen Hochzeit. Leider war es meinem Mann unmöglich, an diesem Tage die Front zu verlassen. Wir trafen uns kurz vorher; er schenkte mir ein schönes Halsband aus Diamanten und Perlen und meinte: "Wir wollen den schönen Erinnerungstag feiern, wenn der Krieg vorbei ist." So fuhr ich nach Friedrichshof zu meiner Schwester Margarete von Hessen und traf dort meine Schwester Charlotte sowie Heinrich und Irene, denen es gelang, mich aufzuheitern. Sie taten alles, um den Tag trotz der Abwesenheit meines Mannes und der Schwere der Zeiten festlich zu gestalten. Mein Bruder Heinrich, der auf Urlaub war, meinte im Scherz, er wolle versuchen, Adolf am Festtag zu ersetzen.

Während dieses harten Winters und des nächsten Frühlings machten sich bei meinem Mann die Folgen der Kriegsanstrengung bemerkbar; er verlor beträchtlich an Gewicht. Seine Konstitution war immer ausgezeichnet gewesen, da er an das Leben in der freien Luft gewöhnt war; aber auch, wenn er auf Urlaub kam, fand ich ihn jedesmal recht verändert. Ich war besorgt; aber er wollte niemals zugeben, daß etwas mit ihm nicht in Ordnung wäre. Sein Zustand besserte sich nicht, so daß er 1916 sehr schwach zurückkam und endlich auf Anraten des Arztes ein Sanatorium in Godesberg aufsuchte. Unser Hausarzt, Geheimrat Haumann, versicherte meinem Mann, der so schnell wie möglich an die Front zurückzukehren wünschte, daß eine Erholungszeit ihm sehr gut tun würde. Er wurde indessen bald kränker; Lungenentzündung trat hinzu, und am Abend des 9. Juli war sein Zustand hoffnungslos. Adolfs Neffe, der regierende Fürst zu Schaumburg-Lippe, war damals auf Urlaub und erholte sich im Taunus von den Anstrengungen der Kämpfe an der Ostfront; er wurde geholt und kam am Nachmittag an. Er fand meinen lieben Mann schon bewußtlos; das Ende trat dann schnell und friedlich ein.

Natürlch war mein Schmerz unendlich groß. In der nächsten Nacht wurde der Leichnam in das Palais nach Bonn übergeführt, wo eine kurze Feierlichkeit abgehalten wurde. Bevor der Sarg nach Bückeburg gebracht wurde, bewegte sich der Trauerzug durch die Hauptstraßen der Stadt, auf denen sich die Einwohner versammelten, da mein Mann in allen Kreisen sehr beliebt gewesen war. In Bückeburg wurde er unter Fackelbegleitungin das Mausoleum übergeführt, wo am nächsten Tag der Trauergottesdienst abgehalten wurde.

Meine Schwester Charlotte, die Herzogin von Meiningen, war ein großer Trost für mich. Sie war sofort gekommen, um mir während meiner entsetzlichen Prüfung beizustehen, ebenso wie Adolfs ältere Schwester, die Herzogin Max von Württemberg, und seine Schwägerin, die verwitwete Fürstin zu Schaumburg-Lippe. Die meisten meiner Verwandten waren natürlch an der Front und daher verhindert, dem Leichenbegängnis meines lieben Gatten beizuwohnen. Er war ein Mann von ungewöhnlichem Charme und großer Herzensgüte, freundlich, ritterlich und ganz selbstlos. Jedermann hatte ihn geliebt und geachtet.

Ich war indessen nicht die einzige in unserer Familie, die schmerzliche Verluste zu erleiden hatte. Der Krieg nahm seinen Zoll von uns wie von allen anderen. Mein Schwager, der Landgraf von Hessen, wurde nach äußerst tapferem persönlichem Verhalten schwer verwundet, genas aber glücklicherweise wieder. Bereits im ersten Jahr des Krieges, während der ersten Monate, war sein zweiter Sohn Max in Frankreich bei Gelegenheit eines englischen Angriffes gefallen. Lange Zeit konnten weder meine arme Schwester noch ihr Gatte irgendwelche Nachrichten über ihren Sohn erlangen; endlich kamen sie über England. Ein englischer Arzt, der Max gepflegt hatte, war von dem sterbenden Jüngling gebeten worden, seiner Mutter über seinen Zustand zu berichten. Gleichzeitig hatte Max dem Doktor eine Kette mit dem Medaillon seiner Mutter gegeben und ihn gebeten, diese zurückzuschicken. Aber auch der Doktor fiel am nächsten Tage. Alle seine Habseligkeiten wurden seiner Frau nach England geschickt; unter ihnen befanden sich die Sachen meines Neffen und Einzelheiten seines letzten Willens. Die Witwe des Arzetes schickte diese an die Königin Mary von England, die mit Hilfe unserer Cousine Maragarete, Kronprinzessin von Schweden, es ermöglichte, daß meine Schwester alle richtig erhielt. Die armen Eltern erlitten im Herbst 1916 einen zweiten Verlust, da ihr ältester Sohn Friedrich an den Wunden starb, die er während der Kämpfe in Rumänien erhalten hatte. Beide Söhne liegen jetzt Seite an Seite in Friedrichshof in der Kapelle der Burg Kronberg.

Der Druck des Krieges machte sich nun überall bemerkbar. Die berühmten "Brotkarten" waren schon einige Zeit im Gebrauch; die Lebensmittel wurden immer knapper, und langsam, aber sicher wurde alles in Mitleidenschaft gezogen. Die Kupfergeräte waren aus der Küche, die Glocken aus den Kirchen, Metall jeder Art aus den Häusern verschwunden; sogar die Türklinken und Gardinenstangen mußten abgegeben werden. Alle machten die größten Anstrengungen, um mit patriotischem Eifer zu helfen und zu spenden. Unsere Eheringe wurden gegen eiserne umgetauscht, ebenso wie unsere Urketten und anderer Schmuck gegen billiges Material hergegeben wurde. Zigaretten wurden rationiert, und Seife war nicht zu haben. Die Straßenbeleuchtung wurde immer schwächer, da feindliche Flugzeuge häufiger im Rheingebiet erschienen, obgleich Bonn so glücklich war, nur einen derartigen Besuch zu erhalten. Ich entsinne mich gut der Trauer, die sich nach dem Angriff auf Karlsruhe verbreitete, als unter Kindern, die sich auf einer Festwiese befanden, die feindlichen Bomben einschlugen.

*

Im Herbst 1917 besuchte ich meine Tante Luise, meines Vaters einzige Schwester, Luise, die Großherzogin-Mutter von Baden, in Karlsruhe. Kaum hatte ich das Schloß betreten, als mir die Kellertreppe gezeigt wurde, da die französischen Flugzeuge Karlsruhe mit Vorliebe bombardierten. Ich habe tatsächlich in der Stadt mehr zerbrochene als unversehrte Fensterscheiben gesehen.

Um die traurige Monotonie meines täglichen Lebens zu unterbrechen, beschloß ich, wieder Gesangsstunden zu nehmen. Ich war mit einer der besten Sängerinnen der Kölner Oper,

Frau Kammersängerin Frida Felser, gut bekannt, die sich erbot, mich zu unterrichten. Da sie eine ausgezeichnete Lehrerin ist, eine wundervolle Stimme hat und außerordentlich musikalisch ist, machte ich Fortschritte. Sie ist mir immer eine gute Freundin gewesen.

Meine Schwägerin, die verwitwete Fürstin zu Schaumburg-Lippe, mußte sich einer leichten Mandeloperation unterziehen. Unglückseligerweise trat Blutvergiftung ein, und sie starb am 3. Mai. Auch sie ruht nun im Mausoleum zu Bückeburg.

Im Juli 1916, als ich noch in tiefer Trauer um meinen Mann war, reiste ich in das deutsche Ostseebad Bansin. Meines Mannes treue und prachtvolle deutsche Schäferhündin, das liebste Tier von der Welt, begleitete mich. Sie war ausgezeichnet erzogen, wich Tag und Nacht nicht von meiner Seite und war stets bereit, mich zu beschützen. Feldmarschall von Loes Enkelin, Baronesse Hanna von Loe, war damals meine Hofdame. Der Großherzog von Mecklenburg-Strelitz besaß in Bansin eine Villa. Er war der Enkel meiner Tante, der Großherzogin-Witwe Augusta, die er sehr verehrte. Sie war, von Geburt englische Prinzessin, die Schwester meiner Tante Mary von Teck und meines Onkels Georg von Cambridge, der Königin Mary richtige Tante. Ich fuhr von Bansin im Auto nach dem weit gelegenen Neustrelitz und besuchte sie dort. Sie war außerordentlich liebenswürdig, und wir verbrachten einige frohe Stunden zusammen. Ihr Gedächtnis war erstaunlich; sie hatte das lebhafteste Interesse an unseren deutschen und englischen Familien. Es war das letztemal, daß ich sie gesehen habe, da sie leider bald darauf starb. Der junge Großherzog, unser Vetter, nahm uns auf längeren Autofahrten mit. Daisy Pleß gehörte auch zu unserer Gesellschaft, ebenso meine Schwester Margarete, ihr Gatte und zwei ihrer Söhne; wir wohnten alle zusammen in demselben Hotel.

Der Großherzog überlebte seine Großmutter nur kurze Zeit. Sein plötzlicher Tod kam uns wirklich sehr überraschend, nachdem wir soviel zusammen gewesen waren. Im nächsten Winter lud die Fürstin Pleß mich, meine Schwester Margarete mit ihrem Gatten und ihren beiden jüngsten Söhnen freundlichst nach Berchtesgaden ein. Wir begrüßten den Wechsel mit Freuden, und die gute Gebirgsluft tat uns allen sehr gut. Die Fürstin Pleß ist eine reizende Wirtin. Sie tat alles, um uns den Aufenthalt angenehm und die Depressionen vergessen zu machen, die auf uns lasteten. Wir machten zusammen Schlittenausflüge und besuchten verschiedene Bekannte. Ich entsinne mich, daß wir einmal sehr in Unruhe waren. Wir hatten eine Bobfahrt gemacht und unsere Wirtin aus den Augen verloren. So gut wir konnten, suchten wir die Gegend ab und kehrten dann ganz konsterniert nach Hause zurück, da wir hofften, sie dort zu finden; aber sie war noch nicht zurückgekehrt. Eine Streife wurde ausgesendet. Erst nach Einbruch der Dunkelheit hielt ein von Ochsen gezogener Karren vor der Tür; neben dem Kutscher saß unsere Wirtin und strahlte alle mit ihrem Lächeln an. Sie hatte den Weg verloren, aber glücklicherweise den Bauernwagen getroffen, der sie nach Hause brachte. Sie war entzückt von ihrem Abenteuer und versicherte, jede Minute auf das vorzüglichste genossen zu haben, da es einmal etwas anderes gewesen sei.

Das Dunkel, das über uns lastete, wurde immer dichter; endlich kam das Ende schnell. Dunkle Gerüchte wurden überall verbreitet, daß es nicht gut stünde und daß die Truppen unzufrieden seien und nicht mehr gehorchten. Ihr Mut war durch die Länge des Krieges und den unaufhörlich wachsenden Mangel an allem Notwendigen gebrochen. Endlich kam der Augenblick der Revolution und die Abdankung meines Bruders Wilhelm. Es schien alles wie ein furchtbarer Traum zu sein.

In einer bemerkenswerten Novembernacht erhielt ich die telephonische Nachricht aus der Stadt, daß wir die Lichter im Hause auslöschen und das Tor schließen sollten, da Revolutionäre, von 40 meuternden Matrosen aus Kiel angeführt, sich auf dem Wege zum Palais befänden. Die Nachricht richtete erhebliche Verwirrung in meinem Haushalt an. Die Dienstmädchen flohen in ihre Zimmer, und mein Kammerherr, Herr von Salviati, der außer dem Diener der einzige anwesende Mann war, schlug mir vor, sofort das Haus durch die Hintertür zu verlassen, um einem Zusammentreffen mit der Menge aus dem Wege zu gehen. „Ich denke nicht daran", war meine Antwort. „Ich laufe nicht feige davon und verlasse mein Haus nicht." So blieb ich im Korridor über der Eingangshalle.

Wir hatten nicht lange zu warten, sondern sollten schon bald das Getrampel der sich nähernden Menge hören. Sie drang in den Park ein; nach wenigen Sekunden standen die Matrosen, ganz erregt und von aufrührerischen Gefühlen beseelt, in der Halle und verlangten von den Dienstboten zu essen und zu trinken, während sie drohten, alles kurz und klein zu schlagen, wenn sie nicht bekämen, was sie wollten. Ich konnte sie aus meinem Zimmer hören, wie sie herumliefen, schrien und laut mit Salviati alles Mögliche besprachen. Dann hörte ich, wie sie drohten, ihn sofort erschießen zu wollen, wenn er sich ihren Vorschlägen nicht füge. Mein Entschluß war sofort gefaßt; ich faßte mir ein Herz und beschloß, selbst mit den Leuten zu unterhandeln. Zur größten Verwunderung meiner guten Klara Franz, die mich am Rock packte und zurückzuhalten suchte, ging ich die Treppen hinunter und trat den Matrosen gegenüber. Sie waren in der großen Halle. Ich fragte sie von der breiten Treppe aus, was sie wollten. Sie verlangten Zigaretten; ich gab ihnen welche, bemerkte aber, daß sie sie in meiner Gegenwart nicht anzündeten. Dann wünschten sie mein Auto. Ich antwortete, daß sie es unter einer Bedingung haben könnten, wenn sie mir es nämlich am nächsten Morgen um 9.30 Uhr zurückbringen würden, da ich es für die Verwundeten brauchte. Sogleich nahmen sie Haltung an, grüßten und sagten: "Wir sind preußische Soldaten und halten unser Wort. Ihr Wagen wird Ihnen morgen früh zurückgeschickt werden." So geschah es auch; sie nahmen den Wagen und brachten ihn am nächsten Morgen wieder. Einige Matrosen saßen darin, als er pünktlich genug zurückkam; ich entdeckte, daß die Krone und das Monogramm abgekratzt worden waren. Mein Chauffeur erzählte mir, daß ihm befohlen worden war, zum Gefängnis zu fahren, dessen Insassen befreit wurden. - Die Matrosen versicherten mir, daß mir nichts passieren würde. Dann fuhren sie wieder weg und brachten eine Menge Leute zum Fortgehen, die sich im Park versammelt hatten. In der Nacht passierte nichts Alarmierendes, so daß ich für meinen Teil friedlich schlief.

Ein paar Tage später, am 11. November 1918, wurde der Waffenstillstand geschlossen. Die Truppen waren nun gezwungen, sich von der bisherigen Frontlinie zurückzuziehen. Sie marschierten Tag und Nacht, durch Bonn und das Rheinland, so schnell sie konnten, da alles bis zu einem bestimmten Termin geräumt sein mußte. Ich freute mich, Generalleutnant von Below mit seinem Stabe und soviel von seinen Leuten, wie möglich war, aufzunehmen. 60 Pferde und die dazu gehörigen Mannschaften kampierten in meiner kleinen Reitbahn in ziemlicher Enge, unter den traurigen Umständen war es aber besser als nichts.

Es war schmerzlich für uns zu sehen, wie erschöpft die Truppen von den endlosen Märschen waren. Viele standen bereits unter dem Eindruck der Revolution. Generalleutnant von Belows Aufgabe war außerordentlich schwierig; er löste sie aber ausgezeichnet. Seine Ruhe und seine tröstenden Worte waren mir willkommen; er sprach seine Gewißheit aus, daß sich Deutschland sehr schnell wieder erholen würde.

Gerade ehe die Besatzungsarmee eintraf, marschierten die Regimenter ab, die solange in Bonn garnisoniert hatten - für die Stadt und uns alle ein niederdrückender und trauriger Anblick. Anfang Dezember besetzten die Kanadier die Stadt. Die Straßen waren leer, die Fensterläden geschlossen, als sie einmarschierten. Ich war in meinem Park spazieren gegangen; als ich nach Hause kam, sah ich, daß der größte Teil des Hauses erleuchtet war, was mich in Erstaunen setzte. Als ich hineinging, fand ich im unteren Korridor meinen Kammerherrn, Herrn von Salviati, der mit einigen Stadträten und verschiedenen kanadischen Offizieren in einer Gruppe zusammenstand. Man teilte mir mit, daß die Offiziere für Generalleutnant Currie und seinen Stab Quartier machten und infolgedessen einen ganzen Flügel des Palais einschließlich Küche, Garage und Stall belegt hätten. Meine paar Pferde, die ich noch hatte, wurden infolgedessen aus ihren Boxen gezogen. Major Harcourt Vernon, einer der Offiziere, der fließend deutsch sprach, bemühte sich mit dem größten Takt, mir die Situation zu erleichtern. Am nächsten Tag kam dann Generalleutnant Currie an.

Die Masse von Soldaten im Hause verwirrte mich. Posten standen vor jeder Tür und dem Gittertor; eine Wache tat Dienst und die englische Flagge wurde auf dem Palais gehißt. Zum Stabe Generalleutnant Curries gehörten Prinz Arthur von Connaught, mein Vetter und sein Adjutant.

Natürlich war mir das Leben inmitten eines Feldlagers ganz neu, ich kam mir mehr oder weniger wie eine Gefangene vor, da uns vieles untersagt war. Zum Beispiel durfte ich nicht mehr auf meinem Besitztum spazieren reiten, nach neun Uhr war es verboten, das Haus zu verlassen oder auch nur die Straße zu überschreiten. Identitätskarten waren notwendig; wir hatten sie alle Tag und Nacht bei der Hand. Niemand durfte ohne Paß reisen, an der Grenze des besetzten Gebietes war Zollstation. Man mußte die Erlaubnis haben, um von einem Teil des besetzten Gebietes in einen anderen zu fahren. Trotz aller dieser Unbequemlichkeiten wurde ich aber niemals belästigt; der Stab und die Mannschaften waren immer höflich, wenn ich sie zufällig traf, was natürlich unvermeidlich war, da wir unter demselben Dache wohnten und das Palais bis zum obersten Geschoß hinauf besetzt war.

Weihnachten wurde von den Kanadiern festlich begangen. Bis zur Dämmerung spielte die Kapelle im unteren Korridor, und ein erstklassiges Weihnachtsessen wurde, wie ich hörte, mit vielem Vergnügen genossen. Am nächsten Tage hatten meine Hausmädchen viel zu tun, um die Überreste des Banketts zu entfernen: Orangenschalen, Kekse, Zigarettenreste und andere Dinge waren im Eßzimmer, als das mein größter Salon diente, und den anstossenden Räumen herum verstreut. Mein Vetter, der Prinz von Wales, besuchte den Generalleutnant Currie und blieb über Nacht in meinem Hause. Wir hatten eine kurze, interessante Unterhaltung.

Der kanadische Küchenchef hatte eine persische Katze mitgebracht, die er in einem zerstörten Dorf gefunden hatte. Da das arme Tierchen an Rheumatismus infolge des Lebens im Graben litt, ließ es der Küchenchef bei seiner Abreise der Sorgfalt meiner lieben Klara Franz zurück. Das Kätzchen erholte sich gut und führte ein sehr glückliches Leben, da wir es es alle sehr verwöhnten. Als die Zeit der Kanadier im Januar 1919 ablief, rückten die Engländer ein; Generalleutnant Morland schlug mit seinen beiden Töchtern Phyllis und Marjorie und seinem Adjutanten sein Hauptquartier in denselben Räumen auf wie Currie. Da sein Stab nicht so zahlreich war wie der kanadische, und sich also weniger Menschen im Hause befanden, wurde es nun ruhiger. Die schottischen Regimenter paradierten abwechselnd auf dem Kaiserplatz. Im Mai kam mein Onkel Arthur, der Herzog von Connaught, um die Truppen zu inspizieren, und wünschte mich zu sehen. Nach allem, was vorgefallen war, bewegte mich das Zusammentreffen mit ihm tief. Da er nur wenig Zeit hatte, konnten wir nicht lange zusammenbleiben; es was aber doch genug Zeit, um über vergangene Tage sprechen zu können. Wie gewöhnlich war er reizend zu mir.

Zu Anfang von General Morlands Aufenthalt ereignete sich ein amüsanter kleiner Zwischenfall. Der Badeofen war ein wenig überhitzt; infolgedessen war der Warmwasserhahn im Badezimmer aufgedreht, um eine Explosion zu vermeiden. Der Dampf des heißen Wassers füllte den Raum mit einer dichten Wolke. Eine etwas nervöse und ängstliche Ordonnanz mißverstand die Situation; nachdem der Mann die Badezimmertür geöffnet hatte, stürzte er sofort durch das Haus und rief: „Man hat einen Gasangriff auf den General gemacht." Der Irrtum wurde natürlich sofort aufgeklärt; aber ich glaube nicht, daß diese Ordonnanz jemals die Lösung des Rätsels erfahren hat.

Besatzungszeit und neue Reisen

Der Friedensvertrag war unterzeichnet worden, und zum erstenmal seit Kriegsbeginn hatte die Badesaison in Norderney wieder begonnen. Da ich mich nach frischer Luft und Seewasser sehnte, fuhr ich für einige Wochen hin; aber wie anders war es ohne meinen Mann und mit der Erinnerung an all das, was wir dort gemeinsam erlebt hatten! Die Nahrungsmittel waren noch recht beschränkt, und das Geld fehlte überall.

Das Befinden unserer ältesten Schwester Charlotte, der Herzogin von Meiningen, gab uns zu Befürchtungen Anlaß. Sie schrieb mir, daß sie stets arge Schmerzen hätte, daß ich mich aber nicht sorgen solle, da sie sicher sei, wieder zu genesen. Sie fuhr im Oktober von Meiningen nach Baden und unterzog sich dort einer Behandlung, unglücklicherweise aber verließen sie die Kräfte, und sie entschlief friedlich. Wir empfanden ihren Verlust doppelt schmerzlich; bis heute vermisse ich sie außerordentlich. Sie war sehr populär gewesen, ihr freundliches und großzügiges Wesen, ihre unablässige Tätigkeit hatten ihr aller Herzen gewonnen.

Natürlich fuhren viele von uns zur Beisetzung nach Baden-Baden, darunter auch die Herzogin Marie von Coburg, die Frau meines Onkels Alfred, des früheren Herzogs von Edinburgh. Für den Herzog Bernhard von Meiningen, unseren Schwager, und die einzige Tochter Feodora von Reuß war der Verlust besonders schmerzlich.

Im November verließ General Morland Bonn; ihm folgten die Franzosen, die sich ebenfalls in meinem Schloß einrichteten. Vom ersten bis zum letzten Tage der Besetzung war mein Haus voll; eine merkwürdige Erfahrung war es, wenn wir auf dem Bürgersteig plötzlich von farbigen Posten mit Gestikulationen angehalten wurden und auf den Fahrdamm gehen mußten. Manchmal wurden wir auch mit dem Kolben heruntergestoßen. Wenn ich in meinem Wagen nach Köln fuhr, mußte ich auf der Chaussee oft meinen Paß den Schwarzen zeigen. Ich amüsierte mich oft damit, ihnen den Paß verkehrt herum zu zeigen, da die Leute zweifellos nicht Französisch und ganz bestimmt nicht Deutsch lesen konnten. Als ich eines Abends von Köln in der Dunkelheit zurückkehrte, ritten plötzlich verschiedene Leute aus einer Seitenstraße direkt in den Wagen hinein, warfen ihn beinahe um und zerbrachen die Fenster, so daß ich mit Splittern bedeckt war. Natürlich mußte mein Chauffeur halten; ich sprach einem der Leute meine Verwunderung aus, der ziemlich verwirrt antwortete: „Ah, madame, les chevaux ont pris peur." Damit verschwanden sie und ich kam mit einiger Verspätung nach Hause.

Der letzte französische General, der bei mir wohnte, hatte eine farbige Ordonnanz, die, wie ich hörte, meinen Namen nicht behalten konnte und einfach sagte: „Soeur Guillaume deux."

Nachdem die Besatzungstruppen im Jahre 1926 abmarschiert waren, war es mir endlich möglich, den Flügel des Schlosses in Augenschein zu nehmen, der so lange belegt gewesen war. Ich war entsetzt, als ich die vielen Beschädigungen sah; denn mein Haus war wegen seiner Sauberkeit und Ordnung immer berühmt gewesen. Teppiche und Vorhänge waren ruiniert, kleine Silbergegenstände aus dem Salon verschwunden, und da mein Porzellan stets im Gebrauch war, waren viele Teller angestoßen oder ganz zerbrochen. Leider habe ich nicht mehr die Mittel, sie zu ersetzen. Irgendwie muß man sich an ein anderes Leben gewöhnen und neue Situationen mit möglichst gutem Humor ertragen. Eine Erinnerung hatten mir die farbigen Truppen wenigstens zurückgebracht. Als ich noch ein kleines Kind war, pflegten meine Eltern oft die Witwe Friedrich Wilhelms IV., die Königin Elisabeth von Preußen, zu besuchen, die in Sanssouci residierte, und nahmen mich häufig mit. Die Hauptanziehungskraft bildete dort für mich der schwarze Diener meiner Großtante, mit Namen Hagen, der mit mir Hand in Hand auf der Terrasse auf und ab zu gehen pflegte; meine Eltern und meine Großtante lachten herzlich über ihn. Sicherlich war er ein ausgezeichneter Kinderpfleger; wir wurden die besten Freunde.

Im Sommer 1920 verbrachte ich ein paar Wochen mit meiner Schwester Sophie, ihrem Gatten Konstantin und ihren Kindern. Da sie Griechenland hatten verlassen müssen, hielten sie sich in Luzern auf. Wir verlebten eine reizende Zeit. Der Sommer war sehr heiß, so daß meine Nichten und ich jeden Morgen im See schwammen; nachmittags spielten wir Tennis und machten reizende Autofahrten in die Umgebung oder befuhren den prachtvollen See mit einem starken Motorboot. Ein paar Tage war die Königin-Mutter von Spanien bei uns, die uns bald mit ihrer unwiderstehlichen Liebenswürdigkeit gefangen nahm. Da meine Schwester Margarete mich begleitet hatte, so waren wir drei Schwestern endlich wieder nach dem Kriege vereint. Einmal kam meine Cousine, die Königin Marie von Rumänien, die sich in der Nähe aufhielt, mit ihren zwei Töchtern zum Tee. Ich fand sie durch die Kriegserfahrungen ganz unverändert. Auch bemerkte ich, daß der älteste Sohn meiner Schwester, Georg, der spätere König von Griechenland, eine große Zuneigung zu Maries ältester Tochter, Elisabeth, gefaßt hatte, so daß wir uns auf eine Verlobung gefaßt machten. Diese erfolgte denn auch, und das junge Paar heiratete bald.

*

Mein eigenes Leben nahm seinen ruhigen Fortgang. Ich hatte immer noch meine zwei Reitpferde und setzte meine täglichen Ritte mit meinem Groom fort. Natürlich spielten wir während des Sommers Tennis, auch setzte ich meine Gesangstunden fort. Leider starb mein Kammerherr, Herr von Salviati, der meine Angelegenheiten besorgte, ungefähr zu dieser Zeit, so daß ich in eine unangenehme Lage geriet. Meine Geschäfte waren kompliziert, und da ich keine Erfahrung in ihrer Erledigung hatte, war es wichtig für mich, einen vertrauenswürdigen und tüchtigen Herrn als Ersatz zu finden. Dies konnte aber nicht mit aller Schnelligkeit geschehen, so daß ich mir zunächst nur einen Rechnungsführer nahm. Alles geriet indessen in eine entsetzliche Unordnung, so daß ich in jeder Beziehung schlimme und traurige Zeiten durchzumachen hatte, bis ich endlich glücklich genug war, den Baron von Solemacher zu finden, der mich in seiner Güte und Freundlichkeit geschäftlich beriet, was gar nicht so leicht war, da mein Vermögen sich aufgelöst hatte und ich gezwungen war, meine wertvolle Einrichtung und meinen Schmuck zu verpfänden. Die Jahre gingen ruhig und etwas einsam vorüber; als die Zeiten besser geworden waren, ging ich gern ins Kino und sah mir gute Filme an. Ich habe viel durchgemacht, glaube aber immer noch glücklich zu sein, da ich zwei gute Gaben besitze: Gesundheit und einen reizenden Freundeskreis. Ich hatte mich immer einer guten Konstitution zu erfreuen; dazu kam, daß meine Vorliebe für das Leben im Freien, die ich seit meiner Kinderzeit hegte, zu ihrer Erhaltung beitrug. Die Zeit geht heutzutage schnell vorbei, und einige Enttäuschungen mit sogenannten Freunden werden schnell vergessen. Meine Umgebung hilft mir das Leben möglichst erträglich zu machen. Ich habe immer gern getanzt und interessiere mich besonders für die modernen Tänze, die, wie ich glaube, außer dem Vergnügen eine ausgezeichnete Übung und ein fortwährendes Training darstellen. Ab und zu gab ich in meinem Palast kleine Tee- und Tanzgesellschaften.

Im Frühling 1925 reiste ich zu meiner Schwester Sophie nach Florenz und wohnte in einem großen internationalen Hotel, das ich sehr komfortabel fand. Meine Schwester wohnte in der Villa „Cora", die in der Via Bobolina prachtvoll, gerade außerhalb der Stadt gelegen ist. Wir freuten uns außerordentlich, wieder zusammen zu sein und verbrachten natürlich die meiste Zeit miteinander. Auch besuchten wir eine Menge der Sehenswürdigkeiten; ich liebe Kunst und Antiquitäten, von denen man in Florenz natürlich eine Menge sehen kann, in Florenz mit dem Palazzo Vecchio, dessen altertümliche Architektur furchtbare historische Erinnerungen wachruft, dem Ponte Vecchio und dem Arno-Fluß im Mondlicht und dem Schönsten von allen, den Kirchtürmen, die über der Stadt zu schweben scheinen, wenn man von Fiesole aus heruntersieht. Ich wünschte mir mehr Augen als zwei, um all die herrlichen Werke der alten Kunst in mich aufnehmen zu können, welche die Stadt mit den roten Dächern besitzt.

In der russischen Kirche, wo der Gatte meiner Schwester begraben liegt, fand ein Gottesdienst statt, um eine Seitenkapelle einzuweihen, die meine Schwester mit großer Sorgfalt und vielem Geschmack hatte restaurieren lassen. Der Gottesdienst war sehr eindrucksvoll und bewegte uns tief. Meines Schwagers Bruder, Prinz Nikolaus, und seine Gattin sowie verschiedene griechische Freunde meiner Schwester waren zugegen. Ich begleitete meine Schwester an einem Sonntag unerkannt zur englischen Kirche; der Gottesdienst erinnerte mich an schöne vergangene Tage.

Eines Nachmittags fuhren wir im Automobil nach der Certosa, die außerhalb von Florenz auf einem Hügel liegt. Wenn man den langen, gewundenen Weg hinauffährt, scheint das Kloster seine Gäste und Besucher zu begrüßen. Die alte Gewohnheit existiert immer noch, jedem Bettler, der mittags vorspricht, einen Teller Suppe zu geben; die Gastfreundschaft der Mönche ist wahrhaft schön. Gastzimmer stehen immer für die bereit, die ihr mitgebrachtes Lunch essen oder an der vom Kloster zubereiteten Mahlzeit teilzunehmen wünschen. Das Kloster hat seine eigenen Olivenpflanzungen. In dem kleinen Garten wachsen Orangen- und Zitronenbäume, für welche die Mönche Sorge tragen. Einer von ihnen führte uns und zeigte uns alles Sehenswürdige; er bot uns zum Schluß ein Glas des berühmten Kloster-Likörs, der Chartreuse, an. Meine Schwester und meine Nichten lehnten ab; ich nahm die Gabe indessen dankbar an. So führte mich der bejahrte Mönch, der einen langen weißen Vollbart hatte, in das Refektorium und goss zwei Gläser des ausgezeichneten Likörs ein, der dem französischen ähnlich, nur milder ist. Nach mehreren schönen Wochen mußte ich nach Bonn zurückkehren und trennte mich mit vielem Bedauern von meiner Schwester, die mir Arme voll südlicher Blumen mitgab, als ich sie verließ. Ein paar Wochen später fand die Hochzeit meines Neffen Philipp von Hessen statt, der Mafalda, die Tochter des italienischen Königspaares, heiratete. Es war eine Liebesheirat. Das junge Paar ist sehr glücklich, ihr erster Sohn wurde ein Jahr später geboren.

Ich traf sie im letzten Herbst wieder, als sie meine Schwester Margarete in Friedrichshafen besuchten.

Da Bonn und Köln jetzt nicht mehr besetzt und die Zeiten besser geworden sind, ist der traditionelle Rosenmontagszug wieder organisiert worden und hat von neuem großen Erfolg. Auch ich und meine Freunde nahmen wieder an verschiedenen Maskenbällen teil, zu denen wir freundlichst eingeladen waren. Seit der Revolution bin ich über die große Liebenswürdigkeit und Beachtung, die mir von Seiten der Bevölkerung, die wir vielleicht früher einmal falsch beurteilt haben, zuteil wird, sehr gerührt.

Manchmal passieren Dinge zu sehr ungelegener Zeit wie z. B. im Juli 1927. Am Abend, bevor ich nach Knocke-sur-Mer abreisen wollte, alles schon gepackt hatte, alle Vorbereitungen getroffen und die Billets genommen waren, bekam ich plötzlich Schmerzen und Schwellungen am Fuß. Ich ließ sofort den Arzt holen, der erklärte, daß ich an einer Blutvergiftung infolge einer Verletzung durch rostigen Draht litt, der mir ein Loch in den Strumpf gerissen und eine kleine Wunde beigebracht hatte. Ich war drei Wochen bettlägerig und mußte viermal geschnitten werden. Der mich behandelnde Arzt war sehr streng und meinte, daß es sich hier um Sein oder Nichtsein handele, so daß ich nicht abreisen dürfte. Ich kam mir vor wie ein gefangenes Tier. Zu Beginn wurde mir als Gegengift viel Alkohol verordnet; endlich meinte der Doktor, daß ich abreisen könne, so daß ich Mitte August mit der Baroneß Speth Bonn verlassen konnte. Früher hatte natürlich stets ein Salonwagen zu meiner Verfügung gestanden. Das kommt jetzt natürlich nicht mehr in Frage, aber ich finde das Reisen im gewöhnlichen Zuge sehr viel amüsanter. In Knocke traf ich sehr viele nette Leute. Nach einiger Zeit lernte ich Lord und Lady Augustus Loftus kennen; Lord Augustus ist der Neffe des früheren Botschafters in Berlin. Der bekannte Schriftsteller Mr. William Le Queur gab mir den Rat, meine Memoiren zu schreiben. Ich bin zwar keine Schriftstellerin, versuchte jedoch, als ich nach Bonn zurückkam, alle meine Lebenserinnerungen aufzuschreiben. Das Resultat liegt in diesen Aufzeichnungen vor.

MEINE VERHEIRATUNG MIT ALEXANDER ZOUBKOFF

Nachdem ich die letzten Seiten meiner Memoiren beendet hatte, glaubte ich, daß die Geschichte meines Lebens nun abgeschlossen sei. Aber das Schicksal hatte noch ein neues Kapitel für mich in Aussicht. Jahrelang hatte ich ein ruhiges und zurückgezogenes Leben geführt; meine Freuden bestanden in der Hauptsache im Zusammensein mit meinen Freunden. Seit dem Tode meines ersten Gatten, des Prinzen Adolf im Jahre 1916, war trotz der Zuneigung, mit der viele Menschen an mir hingen, eine Reihe von Tagen einsam und lang gewesen. Das sonderbare Walten der Vorsehung hat mir nun wiederum einen lieben Gefährten geschenkt, der mein Leben mit neuem Interesse füllt und die Einsamkeit verscheucht hat, an der häufig in späteren Jahren diejenigen leiden, die stets mitten im Leben gestanden haben. Am Ende des Jahres 1927 heiratete ich den russischen Baron Alexander Zoubkoff.

Die Zeitungen und das Publikum scheinen sich im allgemeinen und nicht immer in freundlicher Weise für meine Heirat interessiert zu haben. Es erstaunt mich, daß eine so private und persönliche Angelegenheit wie die Heirat einer Prinzessin so publik wird, daß die Welt sie als eine Angelegenheit von weitgehendem Interesse behandelt, besonders in meinem Fall, da ich so viele Jahre lang ein unauffälliges Leben geführt habe und zehn Jahre lang Witwe gewesen bin. Seit dem Jahre 1890 habe ich fern von Berlin gelebt und bin nur bei offiziellen Gelegenheiten dort gewesen. Es kann nur Neugier von Seiten des Publikums und Eifersucht von dieser oder jener Seite sein. Wäre ich nicht meiner Eltern Kind, würde meine Heirat nie als so sensationell angesehen worden sein. Soweit mein Mann und ich in Frage kommen, wünschten wir die Heirat so einfach und ruhig wie möglich zu halten, da wir sie als einen heiligen Bund zwischen zwei Menschen betrachten. Übelwollende und engstirnige Menschen haben skandalöse Gerüchte über uns in Umlauf gesetzt; es ist ein schlimmer Gedanke, daß es solche Menschen überall auf der Welt in allen Gesellschaftsschichten gibt. Ich beschreibe meine Gefühle aus der ersten Zeit meiner Bekanntschaft mit dem Baron Zoubkoff am besten, wenn ich im Folgenden einige Auszüge aus meinem Tagebuch gebe.

Montag:

Heute kam Graf S. zum Tee und brachte seinen Vetter, Baron Zoubkoff mit. Morgen kommen sie wieder.

Dienstag:

Baron Z. und sein Vetter waren zum Essen hier. Er ist ein sehr interessanter junger Mann, schlank und dunkel und sehr gut aussehend. Er scheint sehr intelligent zu sein und ich werde ihn weiterhin zu mir einladen. Morgen habe ich sie wieder beide zum Diner gebeten.

Mittwoch:

Sie waren zum Essen hier: wir hatten einen reizenden Abend. Nach dem Essen tanzten wir; Baron Z. tanzt gut, macht sich aber nicht viel daraus. Er ist viel gereist und interessiert mich sehr. Ich habe ihn für morgen zum Tennis eingeladen.

Donnerstag:

Baron Z. kam heute Morgen; wir spielten sehr gut Tennis zusammen. Er liebt das Spiel und es machte ihm sehr viel Spaß. Er ist reizend. Ich hoffe, er wird mich weiterhin besuchen. Heute Abend gehe ich mit ihm nach Köln in die Oper.

Donnerstag Mitternacht:

Ich habe gerade „Madame Butterfly" gesehen; die Oper hat mir sehr gut gefallen. Ich traf verschiedene Bekannte, die den Baron nicht kennen, und ich bemerkte, daß er sie sehr interessierte. Vermutlich zerbrachen sie sich den Kopf, wer er sein könnte. Er scheint mir ein idealer Begleiter für eine Dame zu sein; ich finde ihn sehr anziehend und glaube, daß er auch an meiner Gesellschaft froh ist. Infolge der russischen Revolution ist er verarmt, schämt sich aber seiner Armut nicht; seine Eltern besaßen ein schönes Palais und waren sehr reich. Er erzählte mir, daß er am Abend unseres ersten Zusammenseins einen geborgten Anzug trug; er besaß also wahrscheinlich keinen Pfennig. Ich bewundere diesen Freimut!! Hoffentlich bleibt er einige Zeit in Bonn; er interessiert mich sehr. Morgen wollen wir auf den Fluß gehen.

Freitag:

Wir waren heute auf dem Rhein. Sascha (sein Spitzname) und ich ruderten nach Königswinter und picknickten im Gebirge. In dieser Jahreszeit fahren noch Vergnügungsdampfer; die Wellen durchnässten uns, als einer vorbeifuhr. Wie reizend ist Sascha! Ich hatte einige Blumen angesteckt, die ich heute Morgen gepflückt hatte; als ich in das Boot stieg, lösten sie sich und fielen ins Wasser. Er bestand darauf, mir bei einer alten Blumenfrau, die vorbeiging, andere zu kaufen. Es war sehr nett von ihm, und ich wußte seine Freundlichkeit wohl zu schätzen. Morgen speist er wieder bei mir.

Sonnabend:

Graf S. kam heute mit dem Baron zum Essen, der mir wieder einiges von seinen Abenteuern und schlimmen Schicksalen erzählte. Er ist aus vornehmer Familie, die in der Revolution alles verloren hat. Seitdem ist er in der Welt herumgereist und hat gerade genug zum Leben verdient. Einmal ist er, wie er mir erzählte, als Matrose nach Leff Castle und Grimsby gefahren; einige Wochen war er in England. Von dort kam er nach Deutschland und versuchte sein Glück im Spiel. An manchen Tagen gewann er einige hundert, um am nächsten Tage wieder ganz mittellos zu sein. Während dieser Zeit traf er einen Mann, der ebenfalls in unglücklicher Lage war und viel Karten spielte. Sie beschlossen ihren Gewinn zu teilen, da sie glaubten, daß beide dabei besser fahren würden. Es gewann keiner von ihnen, so daß schließlich der Baron sich entschloß, seinen Pelz zu verkaufen, was er auch tat. Darauf bat der andere Mann den Baron, ihm das Geld zu leihen, das er bekommen hatte, um in seine Heimat zurückkehren zu können, die einigermaßen entfernt war; er wollte ihm dann das Geld telegraphisch zurückschicken. Leider litt dieser Mann an einer sehr bequemen Vergesslichkeit, so daß der Baron vollkommen mittellos zurückblieb. Er mußte nun sehen, auf irgendwelche Weise seinen Unterhalt zu verdienen; seiner Entschlossenheit gelang es, sich gut durchzuschlagen. Ich bewundere ihn wegen seiner

Aufrichtigkeit, seiner Ausdauer und seiner Leiden, die ihn mir nur noch teurer gemacht haben.

Freitag:

Sascha kommt heute zum Tee. Ich bin so viel glücklicher, wenn er hier ist. Das große Palais scheint mir dunkel und ruhig; jetzt im Augenblick, da ich dies schreibe, kann ich ihn durch das Fenster nach der Scheibe schießen sehen. Er ist ein ausgezeichneter Schütze. Ich halte ein Stück Papier als Scheibe in der Hand, deren Zentrum er mit Sicherheit trifft. Ich fürchte mich nicht, wenn ich das Papier für ihn halte, da ich weiß, daß er so sicher schießt. Ich wünschte, es wären mehr Menschen im Palais; dann würde ich mich vielleicht nicht so einsam und verlassen fühlen. Ich werde den Baron entsetzlich vermissen, wenn er Bonn verläßt. Morgen kommt er zum Diner.

Sonnabend:

Heute Morgen war er hier; wir spielten Tennis. Ich gewinne ihn immer lieber und fürchte den Tag seiner Abreise.

Sonnabend:

Heute hatte Baron Z. Nachricht von seiner Mutter, die sehr krank ist, so daß er heute abreisen muß. Ich werde ihn sehr vermissen, und nach einem kleinen, ruhigen belgischen Ort gehen, wo ich alles überdenken kann. Knocke ist ruhig; so werde ich dorthin gehen. Wenn möglich, wird der Baron mich dort besuchen, wenn er von der Reise zu seiner Mutter zurückkommt.

Montag, Dienstag, Mittwoch, Donnerstag, Freitag:

Knocke ist sehr nett und beruhigend, aber ich vermisse den Baron. Ich fürchte mich, an den Tag zu denken, an dem er Bonn verlassen wird; es wird ohne ihn traurig und einsam sein. Er ist ein Teil meines Lebens geworden, und ich werde ihn entsetzlich vermissen. Heute schrieb er mir, daß seine Mutter noch krank ist, so daß er sie nicht verlassen kann. Er bleibt noch eine Woche bei ihr in Berlin, wohin sie gerade aus Moskau gekommen ist.

Sonnabend:

Ich bin von Knocke in mein Palais zurückgekehrt. Wie lang ist diese Woche gewesen! Aber er wird heute hier sein. Sascha kommt zum Tee. Wie aufgeregt bin ich in Gedanken, ihn wieder zu treffen. Ich habe ihn außerordentlich vermißt.

Montag:

Er kam zum Tee und blieb zum Diner. Er erzählte mir, wie sehr er mich vermißt habe, und daß er froh sei, mich wieder zu sehen. Wie sehr ich ihn vermißt habe, wird nie jemand erfahren!! Ich habe ihn sehr lieb und weiß, daß er mich ebenfalls schätzt. Ich bin neugierig, was man über eine Heirat sagen würde. Sogar Leute, welche der sogenannten Gesellschaft angehören, fangen an mich anzustarren und zu flüstern; aber das stört mich nicht, da ich nicht der Ansicht bin, daß sich andere Leute über meine Angelegenheiten den Kopf zerbrechen sollen. Ich bin neugierig, was die Welt sagen wird, wenn er eines Tages um mich anhält.

Dienstag:

Er kam heute wieder; wir wollen zusammen essen. Ich werde mein hübschestes Kleid anziehen.

12 Uhr 30 Minuten:

Wir aßen zu Hause; Sascha hat um mich angehalten. Ich bin außer mir vor Freude und habe natürlich angenommen. Was werden meine Verwandten zu der Heirat sagen? Aber ich will alle Hindernisse überwinden. Ich denke nicht daran, mein und meines Bräutigams Glück der Kritik der Welt zu opfern. Die Leute werden sagen, daß ein zu großer Altersunterschied besteht, als daß wir vollkommen glücklich sein könnten; aber wenn zwei Menschen einander wirklich lieben, ist alles andere gleichgültig. Titel, Geld, alles andere will ich aufgeben; aber mein Glück will ich mir bewahren. Mein Bräutigam liebt mich, und ich liebe ihn. Meinen Brüdern und Schwestern werde ich morgen Mitteilung machen.

Donnerstag:

Meine Schwestern Sophie und Margarete haben Sascha getroffen, ebenso mein Bruder Heinrich. Zuerst war die Zusammenkunft ein wenig steif; aber die Persönlichkeit des Barons zeigte ihnen bald, daß er wirklich ein Mann ist, den man bewundern muß. Die offizielle Verlobung wurde gestern bekannt gegeben.

Ich hatte übrigens die Einwilligung meiner Familie gar nicht gebraucht; denn als ich in die Schaumburg-Lippesche Familie heiratete, schied ich aus der Jurisdiktion der Hohenzollern aus. Unsere Hochzeit verlief sehr ruhig, nur unsere besten Freunde und die Hausgenossen waren gegenwärtig. Der Altar sah reizend aus. Am 19. November wurden Baron Zoubkoff und ich im Stadthaus zu Bonn getraut und am 21. November, dem Geburtstag meiner Mutter, nach russischem Ritus vermählt. Die Zeremonie wurde in unserem Palais durch den russischen Priester aus Wiesbaden, einen freundlichen Herrn, abgehalten; sie war sehr eindrucksvoll. Ich trug noch einmal meiner lieben Mutter Brautschleier. Die Geschenke und eine Menge wunderschöner Blumen von der Bonner Bevölkerung waren prachtvoll; Tausende von Briefen und Glückwunschtelegrammen trafen ein.

Ich fühle, daß sich ein neues Leben vor mir eröffnet hat.

Nachwort der Redaktion des General-Anzeigers (1929)

Damit enden die Aufzeichnungen, sie enden leider ohne das traurige Schlußkapitel, das Viktoria Zoubkoff noch zu erleben hatte und das sie wohl auch aufgeschrieben haben würde, wenn der Tod es nicht so eilig mit ihrem arm gewordenen Leben gehabt hätte. Nur zu schnell war nämlich der Traum ihrer späten Liebe ausgeträumt, denn Alexander Zoubkoff hatte durchaus nicht die menschlichen Qualitäten, die sie ihm zuschrieb. Nicht nur benahm er sich so, daß er in Deutschland eine berüchtigte Persönlichkeit wurde, deren man sich durch Ausweisung entledigte, er war auch mitbeteiligt am wirtschaftlichen Ruin seiner Frau, der zum Konkurs und zur Versteigerung ihres ganzen Besitzes wurde. Als eine aus Glanz und Herrlichkeit tief hinabgestürzte Frau verlebte Viktoria Zoubkoff ihre letzten Lebenswochen auf ein paar Zimmern eines Hotels in Mehlem, von wo aus sie ihrerseits den Bankrott ihrer letzten Liebe anmeldete. Aber bevor die irdischen Gerichte sich mit der von ihr beantragten Scheidung befaßten, schied eine höhere Macht sie von Alexander Zoubkoff und zugleich vom Leben.

Horst-Jürgen Winkel
Prinzessin Viktoria von Preußen und das Palais Schaumburg

Die Hohenzollernprinzessin Viktoria (1866 - 1929) war die Schwester des letzten deutschen Kaisers Wilhelm II., die Tochter des "99-Tage-Kaisers" Friedrich III. und seiner Gemahlin, der Kaiserin Friedrich. Die Kaiserin war Bismarck-Gegnerin und wurde von den Anhängern Bismarcks abwertend "die Engländerin" genannt. Kaiserin Friedrich war Tochter der Queen Victoria und wurde von Bismarck verdächtigt, am deutschen Kaiserhof im Sinne britischer Interessen zu wirken. Nach Ihrer Verheiratung mit dem Prinzen Adolf von Schaumburg-Lippe im Jahre 1890 war Prinzessin Viktoria Hausherrin im Palais Schaumburg zu Bonn, das 1949 Sitz des Bundeskanzlers wurde und bis zur Fertigstellung des neuen Kanzleramtes 1976 blieb. Ade-nauer, Erhard, Kiesinger, Brandt und zwei Jahre auch noch Schmidt haben hier als Bundeskanzler ihren Amtssitz gehabt. Während der Kaiserzeit war das Palais Schaumburg gesellschaftlicher Mittelpunkt des "preußischen Bonn" und "Vicky", wie man die Prinzessin von Jugend auf nannte, eine im damaligen Bonn bekannte, überwiegend populäre, später aber auch umstrittene Persönlichkeit.

Bevor sie den Prinzen zu Schaumburg-Lippe heiratete - er diente beim Bonner Husarenregiment - war sie das Opfer und eine der Hauptpersonen der sogenannten "Battenberg-Affäre" gewesen. Als junges Mädchen hatte sie sich in den Prinzen Alexander von Battenberg verliebt, der Offizier beim Berliner Garderegiment war. Auf dem Berliner Kongreß wurde Prinz Alexander zum Fürsten von Bulgarien auserwählt. Er sollte dort die Interessen Rußlands wahrnehmen. Da er sich aber an die Spitze der bulgarischen Nationalbewegung setzte, verlor er das Vertrauen des Zaren, der ihn jetzt haßte. Bismarck fürchtete, daß durch die Verlobung einer preußischen Prinzessin mit einem bei den Russen in Ungnade gefallenen

Mann das deutsch-russische Verhältnis und seine Gleichgewichtspolitik in Mitleidenschaft gezogen werden könnten. Auf massiven Druck Bismarcks, der sogar mit seinem Rücktritt drohte, mußte Viktoria auf ihren geliebten Battenberg verzichten. Sie heiratete bald darauf den von ihr vielleicht geschätzten, aber, wie man sagt, wohl nicht gerade geliebten, kühlen Prinzen Adolf zu Schaumburg-Lippe.

Prinz Adolf zu Schaumburg-Lippe starb 1916 an der Front in Frankreich an einer Lungenentzündung.

1927 heiratete die Prinzessin Viktoria im Alter von 61 Jahren zum Entsetzen der Häuser Hohenzollern und Schaumburg-Lippe und des ganzen Hochadels den 26jährigen russischen Emigranten Alexander Zoubkoff, der sich als Hochstapler entpuppen sollte.

Er brachte in kurzer Zeit das Vermögen der Prinzessin unter den Hammer. Sehr bald nach dieser unglücklichen Episode starb die Prinzessin. Sie wurde in Kronberg im Taunus, wo ihre Mutter begraben lag, die dort ihren Altersruhesitz hatte, beigesetzt.

Durch die Affäre Zoubkoff, die damals viele Jahre in der Presse ungeheuer breitgewalzt worden ist, fühlten sich jene Bonner in ihrem Vorurteil bestätigt, die schon immer über die Prinzessin gelästert hatten. Durch diese Affäre wurde die Tatsache überdeckt, daß die Prinzessin in ihrer Jugend Opfer politischer Überlegungen und der Staatsraison geworden war. Im übrigen war sie eine Persönlichkeit, die wohl nicht ganz dem konventionellen Bild entsprach, das man sich von einer Hohenzollern-Prinzessin machte.

Sie trieb schon sehr früh Sport, als dies bei Frauen selten war. Sie tanzte gern und scheute sich auch nicht, in Bonn an volkstümlichen Vergnügungen wie Karneval und Bürgerbällen teilzunehmen, nachdem sie in ihren Jugendjahren den Glanz der Hoffestlichkeiten erlebt hatte. Sie war wie ihre Mutter anglophil. Ihre Zuneigung galt nicht nur ihrer Mutter, auch ihrer Großmutter, der Queen. Sie reiste gern nach England und schätzte englischen Lebensstil und liberale Formen Englands. Bald nach der Beendigung des 1. Weltkrieges nahm sie Kontakt zu hohen Offizieren auf, die als Besatzer in Bonn waren, was ihr nationale Kreise besonders übel nahmen.

Ihre Memoiren, die sie wahrscheinlich aus Geldnot kurz vor ihrem Tode im Bonner General-Anzeiger zu veröffentlichen begann, sind relativ unkonventionell, offen und ehrlich geschrieben. Sie vermitteln einen sympythischen Eindruck von dieser Frau, die zur Geschichte Bonns gehört.